EDITORA DO CONHECIMENTO

Auxiliando a humanidade a encontrar a Verdade

O Capitão Pessoa e a Tenda Espírita São Jerônimo

O Capitão Pessoa e a Tenda Espírita São Jerônimo

Diamantino Fernandes Trindade (Org.)

Todos os direitos desta edição reservados à
CONHECIMENTO EDITORIAL LTDA.
Fone/Fax: 19 3451-5440
www.edconhecimento.com.br
vendas@edconhecimento.com.br

Projeto gráfico: Sérgio Carvalho
Ilustração da capa: Banco de imagens

ISBN 978-65-5727-003-5
1ª edição – 2020

• Impresso no Brasil • Presita en Brazilo

Produzido no Departamento Gráfico de
CONHECIMENTO EDITORIAL LTDA.
Rua Prof. Paulo Chaves, 276 – 13485-150
Fone: 19 3451-5440 – Limeira – SP

Dados Internacionais de Catalogação na Publicação (CIP)
(Angélica Ilacqua CRB-8 / 7057)

Trindade, Diamantino Fernandes.
O Capitão Pessoa e a Tenda Espírita São Jerônimo / organização de Diamantino Fernandes Trindade – Limeira, SP: Editora do Conhecimento, 2020.
152 p. : il.

ISBN: 97-65-5727-003-5

1. Umbanda - História - Brasil 2. Pessoa, José Alvares 3. Tenda Espírita São Jerônimo - História I. Trindade, Diamantino Fernandes

20-1798 CDD – 299.672

Índice para catálogo sistemático:
1. Umbanda – História

Diamantino Fernandes Trindade
(organizador)

O Capitão Pessoa e a Tenda Espírita São Jerônimo

1ª edição – 2020

EDITORA DO CONHECIMENTO

Logo da Casa de Cultura Umbanda do Brasil.

Os direitos autorais desta obra são totalmente revertidos para as atividades da Casa de Cultura Umbanda do Brasil.

A Casa de Cultura Umbanda do Brasil possui um acervo de 2000 imagens, livros, discos, quadros e objetos ritualísticos e vários documentos históricos. Promove diversos eventos no sentido de resgatar a Grande e Sagrada Diversidade Religiosa Brasileira.

Capitão Pessoa
Foto gentilmente cedida pelo Coronel Carlos Soares.

Dedicatória

Para o Capitão José Alvares Pessoa, grande pensador da Umbanda e dirigente da Tenda Espírita São Jerônimo, uma das Sete Tendas Mestras fundadas pelo Caboclo das Sete Encruzilhadas.

Sumário

Umbanda é a religião dos magos praticada por espíritos que incorporam em nossos terreiros.
Umbanda é a própria alma do mundo trabalhando em prol da regeneração do homem.

Capitão José Alvares Pessoa.

São Jerônimo
Por Matthias Stom – Oeuvre du Musée des Beaux-Arts de Nantes, Domínio público https://commons.wikimedia.org

PALAVRAS INICIAIS

Caros leitores e leitoras!

É com muita honra e imenso prazer que resgatamos neste livro um pouco da obra profícua do querido Capitão Pessoa, portador de alta cultura esotérica e espiritual. Um grande pensador da Umbanda.

Dos dirigentes das sete Tendas Mestras, fundadas pelo Caboclo das Sete Encruzilhadas, a partir da Casa Mater da Umbanda, Tenda Espírita Nossa Senhora da Piedade, sem sombra de dúvida, Leal de Souza e o Capitão Pessoa foram os grandes pensadores e escritores umbandistas da época. Ambos deixaram um sólido legado literário, assim como Lilia Ribeiro, discípula do Capitão Pessoa e dirigente da TULEF (Tenda de Umbanda Luz, Esperança, Fraternidade).

Leal de Souza partiu para a Pátria Espiritual em 1 de novembro de 1948. Vinte anos depois, em 24 julho de 1968, a Umbanda perdia, no plano físico, uma das suas figuras mais ilustres: o grande espiritualista José Alvares Pessoa. Conhecedor profundo de todos os ramos do espiritualismo e das ciências ocultas, o Capitão Pessoa, como o chamavam, os que se formaram sob sua orientação, estabeleceu, na Tenda Espírita São Jerônimo, que dirigiu por mais de trinta anos, um sistema de trabalho através do qual, sem esquecer a contribuição africana e sem enveredar pela senda do puro orientalismo, procurou atingir o equilíbrio necessário à nossa religião. Sob o título *Umbanda – Religião do Brasil*, que era o seu lema, escreveu, pela Editora Obelisco, para a *Antologia do Movimento Espiritualista* uma série de importantes artigos. Nessa obra escreveram, também, Nelson Mesquita Cavalcanti, Carlos Azevedo e Mestra Yarandasã. Apresentamos alguns trechos deste livro.

Além de substanciais e emocionantes discursos, o Capitão Pessoa escreveu diversas matérias para os periódicos: *Jornal de Umbanda* (RJ), *Correio de Notícias* (RJ) e *Boletim do CONDU*.[1] No jornal *O Semanário* (RJ) dirigiu, durante alguns anos, a coluna "Movimento Espiritualista Brasileiro", onde também escreveu diversos artigos. Os periódicos *Diário da Noite* (RJ), *A Cruz* (RJ), *Diário de Notícias* (RJ) e o *Jornal de Umbanda* (RJ) publicaram matérias sobre ele.

A erudição e a alta cultura esotérica e espiritualista de José Alvares Pessoa o levaram aos meandros mais internos da Umbanda como poderemos ver nos capítulos "O véu da Umbanda", e "Umbanda e a Karma Yoga". O primeiro mostra as inquietações sobre as entidades que baixam nos terreiros de Umbanda e suas funções. O segundo dá o norte para os umbandistas trilharem o caminho da evolução espiritual.

Para a época, onde apenas se escrevia sobre os aspectos mais palpáveis da Umbanda, seus textos foram um marco para aqueles que almejavam algo mais profundo. O Capitão foi um grande pensador e filósofo da Umbanda no seu tempo.

Faço agora um breve resumo sobre os tópicos da obra.

"O Pastor de Umbanda" é um dos seus artigos mais lidos, onde ele faz uma descrição do grandioso trabalho do Caboclo das Sete Encruzilhadas.

Uma notícia de 1936, publicada no *Diário da Noite*, dá conta de uma ação policial contra a Tenda Espírita São Jerônimo.

"A propósito do Dia de Umbanda" mostra uma proposta do Capitão Pessoa e de Ramayna de Chevalier para a instituição nacional do Dia da Umbanda. É um arrazoado fundamentado no ocultismo e nas práticas espiritualistas antigas.

José Alvares Pessoa aborda algumas vezes a magia na Umbanda, mostrando que é um religião sem dogmas.

---

[1] Conselho Nacional Deliberativo de Umbanda.

Alguns artigos dão conta da verdadeira batalha entre o Capitão Pessoa e o Cardeal Dom Jaime Câmara em virtude da perseguição da Igreja Católica contra a Umbanda, principalmente no tocante à Festa de Yemanjá nas praias cariocas.

"Umbanda dentro do mundo" é uma matéria brilhante que aborda os objetivos da Umbanda em prol da humanidade.

Em "Auxiliares invisíveis" temos dois relatos do psiquiatra Dr. Lauro Neiva sobre fenómenos médico-espirituais na Tenda Espírita São Jerônimo.

Em duas matérias, o Capitão Pessoa narra a vida e obra de São Jerônimo, sincretizado com Xangô, padroeiro da Tenda Espírita São Jerônimo. Faz ainda, uma abordagem sobre os princípios da verdadeira caridade.

"A Divina Mãe Yemanjá" é o sensacional artigo onde o Capitão Pessoa faz uma comparação entre a Rainha do Mar e a Divina Mãe cultuada milenarmente em várias partes do planeta.

"Carta aberta ao Chefe da Nação" trata da missiva que José Alvares Pessoa enviou ao Presidente da República, Juscelino Kubitschek de Oliveira, notificando-o e pedindo providências sobre a perseguição policial desferida contra os terreiros de Umbanda.

Lilia Ribeiro também escreveu, no *Diário de Notícias* (RJ), sobre o Capitão Pessoa, na nossa última matéria.

Como o Astral Superior tem um plano para tudo, sem ferir o entendimento daqueles que ainda estão mais ligados à forma, simultaneamente W. W. da Matta e Silva deu início a um aprofundamento dos conceitos já expressos por José Alvares Pessoa. O Capitão questionava e Matta e Silva respondia, nas páginas de suas obras, às suas questões.

O Capitão Pessoa, além da maravilhosa mediunidade, tinha também o dom da pintura. Pintou alguns quadros retratando os Orixás que, fizeram parte de diversas exposições e foram divulgados na revista *O Cruzeiro* (RJ). Apresentamos na parte final do livro algumas dessas pinturas. Foi um dos organizadores e fez parte do Conselho Fiscal da primeira Federação umbandista, a UEUB (União Espiritista de Umbanda do Brasil) que publicou durante vários anos o primeiro periódico umbandista, o *Jornal de Umbanda*.

Foi sócio fundador da Legião da Boa Vontade (LBV). Era um devoto fervoroso de Xangô e de São Jerônimo.

José Alvares Pessoa privou da amizade do Grão-Mestre da Umbanda Esotérica, W. W. da Matta e Silva. Apresentamos, na íntegra, a carta do Capitão Pessoa a W. W. da Matta e Silva publicada no livro *Umbanda de Todos Nós*.

Transcrevemos, na íntegra, como coletores de recortes históricos da Umbanda, diversos artigos e matérias dos periódicos cariocas escritos por José Alvares Pessoa, além de alguns de seus discursos e palestras. Também recortamos matérias de jornais que falam sobre ele.

Saravá querido Capitão Pessoa!

Diamantino Fernandes Trindade
Hanamatan Ramayane

O CAPITÃO PESSOA

Capitão José Alvares Pessoa
Fonte: *O Cruzeiro*, n. 22, 17 de março de 1956
Autorização de D. A. Press

Uma das pessoas que teve grande atividade na Umbanda foi José Álvares Pessoa, fundador da Tenda Espírita São Jerônimo.

A partir de 16 de novembro de 1908, as sessões da Tenda Nossa Senhora da Piedade seguiram as normas estabelecidas, apenas com algumas praxes doutrinárias do Espiritismo, por força da época e das circunstâncias, as quais foram depois, sendo adaptadas à realidade da Umbanda.

Dez anos após a fundação da Tenda Espírita Nossa Senhora da Piedade, o Caboclo das Sete Encruzilhadas recebeu do Astral a incumbência de fundar sete tendas, que seriam uma espécie de núcleos centrais, de onde se propagaria a Umbanda para todos os lados.

Oportunamente, em uma sessão de desenvolvimento e estudos, o Caboclo das Sete Encruzilhadas escolheu alguns médiuns para fundarem as novas Tendas.

O Capitão Pessoa era espírita e estudioso do espiritualismo em geral. Já tinha ouvido falar sobre as maravilhas do Caboclo Sete Encruzilhadas, porém, não acreditava muito nos fatos que ouvia, pois muitos deles pareciam fantasia ou exagero de quem se referia ao fenômeno Zélio de Moraes. Resolveu conhecer a Tenda Espírita Nossa Senhora da Piedade e comprovar pessoalmente o que se realizava com o nome de Umbanda.

Quando já estavam funcionando quatro tendas, o Caboclo das Sete Encruzilhadas demorava-se na definição do fundador da Tenda São Jerônimo. Dizia o Caboclo que o dirigente adequado ainda não havia aparecido. Em uma noite de quinta-feira, durante uma reunião doutrinária, José Álvares Pessoa ali foi.

Logo que chegou à porta da sala onde se reuniam os médiuns do Caboclo das Sete Encruzilhadas, esse interrompeu a palestra dizendo: *Já podemos fundar a Tenda São Jerônimo. O seu dirigente acaba de chegar.*

O Capitão Pessoa, como era chamado, foi tomado de surpresa, pois era desconhecido naquele ambiente. Não havia anunciado a sua visita, apenas viera para comprovar os fatos que lhe haviam narrado.

Após um breve diálogo, o Caboclo demonstrou conhecer a fundo o Capitão Pessoa que foi convencido a assumir a responsabilidade da fundação e direção da Tenda Espírita São Jerônimo.

O Capitão Pessoa, até então, desconhecia o que era Umbanda, fato que podemos observar em sua entrevista a Leal de Souza e que está transcrita na página 439 do livro de Roger Bastide chamado *As Religiões Africanas no Brasil.*[2]

> A fundação da Umbanda foi decidida em Niterói (Estado do Rio) há mais de trinta anos, em uma macumba que ele visitava pela primeira vez. Até ali, ele fora um espírita kardecista. O pai-de-santo investiu-o dos poderes de presidente da Tenda de São Jerônimo, que deveria funcionar na Capital,[3]

---

[2] Resposta a uma enquete do *Radical*, citada por Alfredo Alcântara: *Umbanda em Julgamento.*

[3] O Rio de Janeiro foi a Capital Federal até 1960 (nota do autor).

> e lhe disse que importava organizar a Umbanda como religião.

O Caboclo das Sete Encruzilhadas determinou ao Capitão Pessoa a fundação da Tenda de São Jerônimo, bem como a tarefa de organizar a Umbanda, pois até então os templos umbandistas funcionavam como centros espíritas. Além de amigo de Zélio de Moraes, compartilhava também da amizade de W.W. da Matta e Silva.

A Tenda Espirita São Jerônimo foi fundada pelo Capitão José Alvares Pessoa, juntamente com o Caboclo da Lua e Pai Jacó, em 15 de maio de 1935, instalada inicialmente na Rua General Câmara, 26, 2° andar, transferindo-se em seguida para a Rua Visconde de Itaboraí, 8. O Capitão Pessoa foi auxiliado diretamente na fundação da tenda por Anírio M. Batista, médium do Caboclo da Luz. Na década de 1990 mudou-se para a Rua do Senado, 56, onde foi extinta.

Na TULEF (Tenda Espírita Luz, Fraternidade, Esperança), descendente da Tenda Espírita São Jerônimo, há uma placa com as seguintes palavras do Capitão Pessoa:

> "Procuramos o melhor, ansiamos por um estado de coisas que atenda aos nossos apelos mais sutis e não abdicamos do ideal que guardamos em nosso coração.
> A manifestação mais nobre desses pendores, como ensina a experiência dos séculos, reside exatamente naquela fase em que o homem trata de elevar sua dignidade e areja seus sentimentos".

UMBANDA porfia com as demais manifestações religiosas a prática do Amor, levando ao coração de todos a palavra de JESUS.

A frase anterior faz parte da Introdução ao MEMORIAL (*Umbanda em Face da Lei*), apresentado às autoridades incumbidas da coordenação e fiscalização do culto espírita no Distrito Federal, em maio de 1944, por JOSÉ ALVARES PESSOA, à frente de um grupo de umbandistas, definindo Ritual e Liturgia da Umbanda, e que teve, como resultado a liberdade de funcionamento das Tendas de Umbanda, ainda no Governo

Getúlio Vargas.

O Capitão Pessoa foi um dos organizadores da União Espiritista de Umbanda do Brasil, a primeira federação umbandista do Brasil como podemos ler no *O Jornal*, n. 14703, de 3 de junho de 1969:

Com a presença de diversos terreiros, filiados ou não à União Espiritista de Umbanda do Brasil, alcançou êxito absoluto o encerramento das festividades comemorativas ao 30° aniversário daquela instituição.

O acontecimento levou cerca de 2000 umbandistas à sede, na Rua Conselheiro Agostinho, 52 – Todos os Santos.

No dia 26 de agosto de 1939, nasceu a UEUB, sob a inspiração do Caboclo das Sete Encruzilhadas. Coube aos Senhores Zélio Fernandino de Moraes, **José Alvares Pessoa**, João Severino Ramos, Narciso Cavalcanti, Martha Justino a tarefa de organizar a criação da UEUB, mas que na época chamou-se de Federação Umbandista, assim foi fundada a primeira entidade federativa dos cultos umbandistas no Brasil.

O Capitão José Alvares Pessoa desencarnou em 24 de julho de 1968. A nota de falecimento foi publicada no *Jornal do Brasil*, n. 91, de 25 de julho de 1968.

José Alvares Pessoa

A família de JOSÉ ALVARES PESSOA cumpre o doloroso dever de comunicar o seu falecimento e convida os seus parentes e amigos para o sepultamento que se realizará às dezessete horas de hoje, saindo o féretro da Capela Real Grandeza.

O PASTOR DE UMBANDA

José Álvares Pessoa

Homenagem prestada ao Caboclo das Sete Encruzilhadas em cerimônia realizada na Tenda São Jerônimo, Rua Visconde de Itaboraí, 8 – Rio de Janeiro, em 30 de setembro de 1942

Texto publicado em ***Noções Elementares de Umbanda***, Editado pelo CONDU (Conselho Nacional Deliberativo de Umbanda), 1980.

Bem aventurados os que têm fé, porque esses verão a Deus. São palavras de Jesus em um dos seus maravilhosos sermões aos fiéis que o acompanhavam.

A fé é uma das virtudes fundamentais de todas as religiões. Sublime por excelência, sem ela nada se poderá realizar no terreno espiritual e é por seu intermédio, dependendo da sua maior ou menor intensidade, que as almas se habilitam a levar avante, que sobre os seus ombros tomou o CABOCLO DAS SETE ENCRUZILHADAS, de organizar a Umbanda no Brasil, é um verdadeiro milagre de fé que nos leva a um sentimento de grande amor e de profundo respeito por essa entidade, que se faz pequenina e que procura velar-se sob a capa de uma humildade perfeita.

É a ele – ao Caboclo das Sete Encruzilhadas – o Pastor de Umbanda, que se deve a purificação dos trabalhos nos terreiros; é a ele que espiritualmente está entregue a direção de todas as Tendas de Umbanda no Brasil.

O CABOCLO DAS SETE ENCRUZILHADAS é o verdadeiro Guia de Umbanda, aquele com que todos os outros Guias, lá no alto, combinam para realizar a maravilhosa obra da implantação da Umbanda, como religião tipicamente brasileira. Foi ele quem assumiu o compromisso de expurgar a religião do rito essencialmente africanista que se vinha praticando desde as primeiras levas de escravos trazidos pelos portugueses. Foi ele quem, provocando uma guerra mortal com os espíritos das trevas, diretamente interessados com a implantação dos trabalhos de magia negra, não vacilou em seguir o programa traçado e arrebanhado as suas ovelhas – verdadeiro Pastor de

Umbanda – vai continuando a sua obra de propagação com a constante criação de Tendas que, filiadas ou não à tenda de Nossa Senhora da Piedade, são realmente suas, pois estão debaixo de sua orientação espiritual.

Que todos os adeptos de Umbanda não se esqueçam dessa verdade: o Caboclo das Sete Encruzilhadas é o legítimo Senhor de Umbanda no Brasil, pois recebeu a missão de organizá-la. O que afirmo não tem outro sentido a não ser que foi ele realmente o comissionado para esse fim; não veio inovar, veio apenas purificar o que já se fazia no país há algumas centenas de anos.

Ele não destruiu o ritual; antes lhe deu força e método e o propagou com a sua organização maravilhosa. Verdadeiro Mestre da Magia Branca, responsável pela pureza do ritual, ele não poderia abandoná-lo, porque o considera sagrado; ao contrário, ele nos ensinou a amá-lo e a respeitá-lo, porque não há religião sem ritual. O que ele deseja, entretanto, é que este ritual de Umbanda, humilde, mas cheio de luz, seja nivelado ao das grandes religiões e isento de toda inferioridade, da prática de atos inúteis e perniciosos.

O que deseja é que este ritual seja praticado apenas por Guias autorizados, porque não são todos os espíritos que baixam nos Terreiros que se acham à altura de praticá-lo.

Estas minhas declarações são tanto mais insuspeitas quanto todos sabem o amor que eu e todos os que fazem parte desta Casa de São Jerônimo temos ao Caboclo da Lua, que é por nós considerado uma entidade de grande poder e elevada espiritualidade. Todavia, por muito grande que seja, não hesitou em trabalhar sob a chefia do Caboclo das Sete Encruzilhadas e foi este que organizou e lhe entregou a Tenda São Jerônimo – a Casa de Xangô – que espero será sempre um dos esteios de sua obra.

Há cinco anos, mais ou menos, previmos que Umbanda seria futura religião do Brasil. Então, a Umbanda era perseguida e considerada no nível de magia negra. Hoje, começamos a ver a alvorada da Umbanda, porque são as próprias autoridades que nos convocam para uma confissão pública de Umbanda como credo religioso, permitindo que, com essa designação, os Templos de Umbanda sejam assim registrados. É nossa vitória, ou antes, a grande vitória do Caboclo das Sete Encruzilhadas.

O que todos nós devemos a essa grande Entidade é de valor inestimável; jamais poderemos esquecer os benefícios espalhados às mancheias por ele e pelos espíritos que acorreram ao seu chamado para ajudá-lo no cumprimento de sua missão.

Esse espírito de eleição, cuja fé é um incentivo para os nossos espíritos entibiados, cheios de irresoluções, fracos no cumprimento do dever, rebeldes, se não vemos as coisas marcharem ao saber dos nossos desejos – este espírito de luz, cuja fé o levou a não ver os espinhos que o feriam ao longo da penosa jornada que teria de percorrer durante tão duros anos, bem merece ser enaltecido por todos os que se sentem felizes no ambiente humilde da Umbanda e nem de leve suspeitam de seu verdadeiro valor, da sua singular grandiosidade. E muitos ainda o confundem com o Exu das Sete Encruzilhadas, que é apenas um dos seus humildes trabalhadores.

As injustiças, as ingratidões que lhe têm sido feitas, nessa luta de há quase 40 anos, jamais contribuíram para um desfalecimento de sua parte, em levar avante a sua missão. Assim como a tremenda campanha feita contra Jesus por aqueles que desejavam o aniquilamento de sua obra e o desaparecimento de sua doutrina, só contribuiu para que ela, com mais rapidez e segurança, se propagasse pelo mundo inteiro, assim também toda a campanha urdida contra a obra do Caboclo das Sete Encruzilhadas só tem contribuído – e cada vez mais contribuirá – para o seu engrandecimento.

Foi a fé que o ajudou a realizar esta obra, que um dia será gigantesca e se espalhará também pelos confins do mundo; é pela fé que ele pretende nos levar aos pés do doce Nazareno, de quem é um humilde devoto.

Verdadeiro Pastor de Umbanda, o CABOCLO DAS SETE ENCRUZILHADAS, vela constantemente pelas suas ovelhas e sereno, como só os grandes podem ser, ele sorri confiante na vitória de sua obra, porque sabe que a fé, que é seu alicerce, a sustentará pelos séculos a fora.

CARTA DO CAPITÃO JOSÉ ALVARES PESSOA A W. W. DA MATTA E SILVA

Do livro *Umbanda de Todos Nós*, 2ª edição

Nesta página o mais sincero dos meus "saravá" para o digno confrade e amigo capitão JOSÉ ALVARES PESSOA, Presidente e Diretor de Doutrina da Tenda São Jerônimo.

A este umbandista de fibra, pela sinceridade com que emitiu o conceito abaixo sobre esta obra, quando por ocasião do lançamento da 1ª edição – o mais fraterno dos meus "saravá".

Sendo o primeiro que, desassombradamente e por escrito assim procedeu, causou-me singular satisfação, visto que, em sã consciência ninguém lhe pode negar autoridade, fruto dos profundos conhecimentos que tem sobre o movimento externo e interior da Umbanda, revestidos pela sua cultura e pela experiência de mais de 30 anos, como militante, nesse meio.

Portanto, aproveito para fundir no seu conceito as opiniões de centenas e centenas de outros irmãos, que recebemos também, em contatos pessoais e através de cartas, telegramas, revistas etc. (os quais não podemos transcrever aqui, por falta de espaço), porque, realmente, o conceito do prezado irmão Pessoa sintetiza e traduz, essencialmente, os demais.

Assim, que possam as Vibrações de Xangô, iluminarem sempre, o coração, a mente e o espírito deste sincero umbandista.

Eis o conceito:

> Meu ilustre e prezado confrade Senhor W. W. da Matta e Silva...
>
> A leitura de *Umbanda de Todos Nós* – o magnífico livro que faltava ser escrito – proporcionou-me um grande prazer espiritual e é com a mais viva satisfação que venho trazer-lhe os meus parabéns pela sua obra, que será como um marco na história de nossa religião, e expressar-lhe os meus sentimentos de sincera gratidão pela gentileza com que me distinguiu, enviando-me um precioso exemplar.
>
> *Umbanda de Todos Nós* não é só um grande livro; é o melhor que até hoje (1956) foi escrito sobre o assunto. Em cada uma de suas páginas revelam-se a inteligên-

cia, a cultura e a erudição de seu autor, que teve a felicidade, maior entre todas, de fazer falar a "Senhora da Luz Velada", tão incompreendida até mesmo pelos seus próprios adeptos que certamente se congratularão pela sua atitude de descerrar o véu que a ocultava. Até hoje nada se tem escrito, mas apenas sobre Candomblés e Macumbas e os próprios antropologistas, constantemente citados, como Nina Rodrigues, Edison Carneiro e outros, que se preocuparam com o assunto, escreveram sobre o que viram na Bahia, isto é, sobre o africanismo importado pelos escravos nos tempos da colônia, que nada tem a ver com a maravilhosa obra espiritual que se realiza nos terreiros de Umbanda do Rio de Janeiro, obra que data de mais ou menos 30 anos, empreendida pelo admirável espírito que dá o nome humilde de Caboclo das Sete Encruzilhadas que reformou os trabalhos de magia que comumente se faziam nos terreiros, purificando-os e transformando a magia negra, que então imperava quase absoluta, nesta magia que os Mestres Divinos classificam como a Ciência da Vida e da Morte.

O prezado confrade, com seu admirável livro, conseguiu realizar uma obra de divulgação como nenhum outro escritor que o precedeu ainda havia feito. *Umbanda de Todos Nós* será como a Bíblia, o livro clássico que todo umbandista de fé consultará. As minhas palavras são inexpressivas para dar testemunho de uma obra de tão grande valor, que veio preencher uma lacuna, porque realmente um espírito altamente elucidado pode afinal fixar em letra de forma as verdades eternas sobre a mais bela e a mais doce de todas as religiões, porque a mais humilde e a mais humana.

Só quanto a um ponto estou em desacordo com o ilustre autor de *Umbanda de Todos Nós*. É sobre a questão das imagens, que a seu ver deveriam ser abolidas dos nossos terreiros.

O ideal deveria ser o cumprimento das palavras do Evangelho. "Deus deve ser amado em espírito e verdade"; mas raras são as criaturas que no atual estado de civilização materialista poderão – como os verdadeiros Yoguis indianos e Lamas tibetanos – concentrar a sua mente no Absoluto sem forma. Os homens comuns

têm necessidade imperiosa de uma representação da divindade. O próprio povo da Índia e do Tibet não prescinde das imagens e, nos seus templos, a divindade representa-se por formas que nos parecem às vezes bizarras.
Os primitivos cristãos tentaram essa grande reforma e fracassaram. Nos primeiros séculos do Cristianismo não havia imagens representativas do Cristo, nem dos santos (que ainda não existiam), que ora são adorados nas igrejas romanas e cujo aparecimento tomou maior impulso no alvorecer da Renascença.
Antes os cristãos só tinham como símbolo de sua devoção a humilde cruz. As imagens são rigorosamente uma imposição das necessidades de que falei e o seu culto foi divulgado pela Igreja Católica apostólica, que, como todos nós sabemos, desvirtuou, o mais que lhe foi possível, os ensinamentos do Divino Nazareno.
De forma que estou convencido das imagens nos nossos terreiros; não das imagens da Igreja Católica e sim a dos nossos Orixás. Foi por isso mesmo que, há uns dois anos, mais ou menos, dei início a um movimento de reforma e substituição daquelas imagens nos terreiros de Umbanda, tendo mesmo idealizado e mandado realizar em telas (que foram expostas) as figuras dos nossos Orixás, divulgando a ideia pelas páginas do *Jornal de Umbanda*.
Concluindo, quero congratular-me com todos os umbandistas pela felicidade que lhes veio bater à porta, trazendo-lhes um verdadeiro livro sobre Umbanda – a sua Bíblia – e com meu prezado amigo, que teve a rara ventura de ser o escolhido para escrevê-lo.
Aproveito a oportunidade para reiterar-lhe os meus protestos da mais alta estima e apreço, com que me subscrevo.

Amo. At. Admirador
José Alvares Pessoa

UMBANDA – RELIGIÃO DO BRASIL

A Editora Obelisco publicou, em 1968, o primeiro volume da Antologia do Movimento Espiritualista Brasileiro, intitulado *Umbanda, Religião do Brasil*, com matérias, publicadas no periódico *O Semanário*, de José Álvares Pessoa, Nelson Mesquita Cavalcanti, Carlos Azevedo e Madre Yarandasã. No prefácio, Oswaldo Costa cita:

Esta "Antologia do Movimento Espiritualista Brasileiro" é uma seleção de trabalhos de José Álvares Pessoa, da Tenda Espírita São Jerônimo; Nelson Mesquita Cavalcanti, da Tenda Espírita Irmã Elza; Madre Yarandasã, da Ordem Mística Aglad-Avid e Carlos de Azevedo, do Centro Espírita Damião Diolan, todos eles publicados no *O Semanário*.

Vamos abordar agora a preciosa matéria Umbanda, Religião do Brasil, do Capitão José Álvares Pessoa. Fazendo uma leitura das práticas religiosas transportadas para o Brasil pelos negros escravos africanos, o autor refere-se ao rito que, segundo ele, era denominado Umbanda.

Procurando identificar-se com a sua nova Pátria, o negro começou a estabelecer os seus velhos hábitos e, de noite, no silêncio dos terreiros das fazendas, enquanto seus algozes dormiam, reuniam-se todos para invocar os seus deuses ingratos, que os tinham abandonado à perversidade do branco. E subiam plangentes pela noite afora, os cânticos dos negros implorando força e auxílio para levarem avante a humilhante tarefa que lhes tinha sido imposta.

XANGÔ, DELOKÊ...
XANGÔ, DELEÔ...

É possível que, ausentes do seu meio natural, esses humildes colaboradores da civilização brasileira tivessem deturpado o estranho e bárbaro rito a que chamavam "Umbanda" e ao qual pertencia a maior parte.

Entretanto, a semente tinha sido bem plantada e a árvore ainda pequena, começava a dar os seus frutos, pois a estranha religião, ao invés de ser absorvida pela religião dos brancos, absorvia ela própria o que essa tinha de mais lindo, nas suas tradições, identificando os seus deuses com os santos do Cristianismo, fazendo da figura do Cristo o maior entre os seus maiores, com a designação de Oxalá, identificando a Virgem Maria com Oxum e Yemanjá, e dando honras de reis aos três grandes vultos da Igreja Católica – São Jerônimo, São Jorge e São Sebastião, a quem passaram a chamar Xangô, Ogum e Oxóssi.

Amalgamada, pois, com a religião católica, e ainda absorvendo as práticas bárbaras e as tradições dos nossos índios, também foi se propagando por todo o país.

O Capitão Pessoa aponta, em seguida, para a Umbanda como uma religião genuinamente brasileira.

Há uns sessenta anos mais ou menos, aproveitando a enorme aceitação dos fenômenos espíritas por parte dos brasileiros, entidades que presidem o destino espiritual da raça resolveram levar avante a árdua tarefa de lhes dar uma religião que fosse genuinamente brasileira. Porque, filho de três raças – a branca, a negra e a índia – não era justo que coubesse ao brasileiro, como imposição, uma religião 100% importada, fosse ela qual fosse, e que não reunisse os anseios das três raças a que pertence.

A religião que lhes estava destinada deveria ser uma religião eclética, cujas características principais fossem a caridade, a humildade e a perfeita tolerância para com a imensa ignorância dos homens e onde se achassem reunidas a experiência do branco, a tradição do índio e a magia do negro.

Acerca das perseguições e da magia, escreveu:

A princípio pequenina, porque tudo lhe era hostil, sofrendo as mais tremendas perseguições, Umbanda, nome escolhido para a religião do Brasil, cujas reivindicações no panorama espiritualista nacional tem-se processado muito lentamente, cresceu, expandiu-se e hoje se propaga pelo país inteiro.

Perseguida, humilhada, espezinhada pelos poderosos e pelos cretinos que se julgam autorizados e competentes para criticar o que não conhecem, Umbanda vem resistindo garbosa a todos os embates, saindo ilesa de todas as perseguições, crescendo desmesuradamente dia a dia, procurada por multidões desassombradas que batem à porta de suas tendas, invencível, porque ninguém tem poder suficiente para fazer fracassar uma obra determinada por Deus. As almas dissolventes, quando muito, conseguirão atrair ao seu redor um pequeno número de descontentes, que acabarão por se destruir entre si.

A Umbanda tem sido escarnecida, apedrejada, humilhada, não lhe tendo sido permitido até hoje o direito de nivelar-se às outras religiões que se julgam exclusivas do amor de Jesus.[4]

A magia, esta força indômita e misteriosa que movimenta o mundo e domina a natureza, é a própria alma de Umbanda milenar, eterna. Por isto mesmo, Umbanda terá de sobreviver, porque não há maior força do que a sua. Umbanda é a avalanche que despenha das alturas e que esmagará os que tentarem se opor à sua trajetória.[5]

A sua missão é de caridade, a mais transcendente; destrói os trabalhos do mal, lutando e vencendo os seus magos poderosos, considerados invencíveis desde o princípio do mundo.

A magia é quem move o mundo. É a grande força invencível que pode ser manejada para o bem ou para o mal. É uma força viva, como a eletricidade ou a energia atômica, da qual só duvidam os que não querem ter o trabalho de raciocinar um pouco.

A Umbanda que é, como magia, o instrumento por excelência de que o Rei do Mundo se serve para resolver os problemas dos seus devotos, não se acolhe em templos sublimes cobertos de ouro e pedrarias para a realização dos seus ritos simples, e algumas vezes altamente complexos, com que promove o bem estar e a felicidade dos que a buscam. O "ter-

[4] Após a diminuição significativa da perseguição desferida pela Igreja Católica, a Umbanda recebe, desde a década de 1980, a perseguição das igrejas evangélicas (Nota de Diamantino Fernandes Trindade).

[5] Inclusive os umbandistas renitentes, enquistados na vaidade e no poder temporal (Nota de Diamantino Fernandes Trindade).

reiro" significa "espaço de terra", "largo ao ar livre" e ainda mais simplesmente "terra".

A magia que é tão velha como o mundo, ou mais velha, tem tido seus períodos de fastígio e decadência, tem imperado sobranceira e vivido ocultamente, sob mil disfarces, em terríveis épocas de perseguição. Mas nunca deixou de ser exercida, fosse qual fosse a sorte reservada aos seus adeptos, ora chamados de alquimistas, ora de bruxos, feiticeiros, magos negros etc.

Umbanda é magia, e magia é a mola que move este mundo. A nossa religião, a Lei de Umbanda, outra não é senão a religião que se perde na noite dos tempos dos gloriosos antepassados da humanidade. O que a Umbanda faz é reviver para uma multidão aquilo que sempre se praticou no mistério dos santuários e para pequeno número de privilegiados.

Umbanda não desafia ninguém, mas não esmorecerá na luta que se iniciou através da Igreja Católica, que se sente abalada até os seus fundamentos pela sua implantação no Brasil e pela sua fulminante propagação nesses últimos anos.

O Capitão Pessoa cita também o caráter milenar da religião umbandista:

Umbanda é grande, apesar da humildade com que se manifesta; o seu ritual, a sua liturgia encontram-se a cada passo no Velho e no Novo Testamento, nos templos do Egito e da velha Índia, e da própria Igreja Católica; por mais remota que seja uma religião, nela, sem esforço, encontramos os vestígios de Umbanda.

É um engano pensar-se que Umbanda é uma invencionice dos pobres pretos africanos, arrastados como escravos, pela infâmia dos negreiros, para as terras brasileiras.

Umbanda é milenar; Umbanda não tem idade.

É verdade que o movimento de implantação de Umbanda pura tem pouco menos de meio século; o que se compreenderá quando se dispensar alguns minutos para um raciocínio simples.

O Brasil, que tem pouco menos de cinco séculos, tem sido desde a sua descoberta um campo de fácil conquista dos padres católicos, que aqui aportaram com as primeiras caravelas.

Profundamente inteligentes, tiveram esses senhores a visão do que seria no futuro a Terra de Santa Cruz. E aqui se implantaram e impuseram a sua vontade. É de notar-se que naquela época os nossos colonizadores seguiam a religião dos seus antepassados, a católica, não havia concorrência, portanto tinham os padres de Roma 100% de probabilidade para se imporem e dominarem.

Mas o tempo corre; as coisas mudam; o homem, que é sempre irrequieto, procura ver novos horizontes e busca sempre a novidade.

Com a vinda dos pobres cativos, não imaginavam os seus algozes que também viria a semente da religião que no futuro faria concorrência à que trouxeram da terra mãe. A Umbanda trazida pelos pretos era tão velha ou ainda mais velha do que o continente de onde vinha.

Raça das mais antigas, a negra era por excelência detentora dos segredos invioláveis que não transpunham os umbrais dos seus templos.

Por isso, deturpada pelos seus portadores e sem ambiente para propagar-se rapidamente, demorou a Umbanda até agora a aparecer com a sua característica verdadeira, livre dos erros que no seu rito estavam arraigados, como o ouro que, somente depois de bateado se desprende da ganga a que se acha misturado.

Umbanda é hoje esta magnífica realização que estamos vendo; palpita como um corpo vivo, cujos órgãos são todos perfeitos. É uma máquina cujas peças ajustadas funcionam sem o menor embaraço.

O artigo "Pastor de Umbanda" também está presente no livro do Capitão Pessoa de forma ampliada. Citamos um trecho que não consta do original:

Habituados a ouvir dizer: "o Caboclo das Sete Encruzilhadas baixa em tal ou qual terreiro", os adeptos da Umbanda imaginam que ele é "mais um" entre os inúmeros que vem para a sua missão de caridade.

Já é tempo de corrigir-se o erro; ele não é "um entre muitos", em Umbanda ele é o "primeiro entre todos", porque foi comissionado para purificar os seus trabalhos; não há entidade que lhe não preste a sua homenagem, e todos, sem vaidade, sentem-se felizes em auxiliá-lo na sua obra de comissionado, pela qual ele já vem lutando há mais de 40 anos.[6]

A POLÍCIA VAREJOU A TENDA ESPÍRITA SÃO JERÔNIMO

Diário da Noite, 7 de novembro de 1936

Detidas várias pessoas que assistiam à sessão

As autoridades da Secção de Tóxicos e Mistificações da 1ª delegacia auxiliar, ontem à noite varejou a "Tenda Espírita São Jerônimo", à Rua General Câmara, número 26, 2º andar, detendo várias pessoas que assistiam à sessão.

Efetuaram a diligência, motivada por uma denúncia, o subchefe Carlos Lopes e os investigadores Batalha, Cavalcanti e Bezerra.

Em plena sessão

Os policiais irromperam no salão, quando a sessão ia em meio, detendo o presidente da "Tenda", Sr. José Álvares Pessoa, que na ocasião atendia a senhora Yolanda Porto e as seguintes pessoas: Elza de Souza, Etelvina Souza, Edgard Fraga, Manoel Rodrigues, Alfredo Laranja, Cecy Silva, Florinda Silva, Antonio Souza, Carmen dos Santos, Rosalina Fonseca, José Gali, Joanna da Silva, Constantino José Janise, Francisco Guimarães, Zélio Teixeira, Aurea Ferreira, Regia do Vale e Mauro Silveira.

Levaram os policiais para a delegacia os seguintes objetos, apreendidos na "Tenda": pembas, charutos, búzios, guias, embrulhos contendo defumadores e várias chapinhas numeradas.

[6] Este artigo foi escrito, pela primeira vez, em 1942 (Nota de Diamantino Fernandes Trindade).

ENTREVISTA

Correio da Noite, 17 de novembro de 1944

Nesta entrevista, José Alvares Pessoa fixa a situação das 500 mil pessoas que se dedicam aos fenômenos psíquicos no Distrito Federal. Nesse momento diversas reportagens abordavam a questão judicial suscitada pela família de Humberto de Campos, a propósito dos direitos autorais referentes às obras psicografadas por Chico Xavier. Tais reportagens aguçaram a curiosidade da opinião pública sobre os temas espiritualistas, tão em voga na época. Mostra ainda a necessidade de licença policial para exercer a função de sacerdote. O Capitão Pessoa era considerado uma autoridade sobre o assunto e, assim se expressou nas suas considerações iniciais:

> – É curioso observar o extraordinário aumento que se vem registrando na frequência das casas que entre nós se dedicam aos estudos e à prática do Espiritismo. O fenômeno é sobretudo impressionante no Distrito Federal, onde de dia para dia surgem mais núcleos de irradiação, sejam "centros", "tendas", "cabanas", ou que nome tenham, todos funcionando sempre apinhados e acusando frequência cada vez maior. O fato, a nosso ver, se justifica pelas condições do momento excepcional que vivemos. O mundo passa por uma tremenda crise de sofrimento. Nos campos de batalha imperam a morte e a devastação. Fora deles, choram os indivíduos e as famílias a perda dos entes queridos que morreram na luta e sofrem as angústias da incerteza quanto à sorte dos que ainda permanecem de armas na mão. Há milhões de indivíduos sem pão, milhões de crianças chorando com fome ou definhando por falta de alimentação adequada. A geração que surge vem marcada com os sinais da inferioridade resultante de todas essas coisas, tanto no físico, como no moral, como na esfera espiritual. Nunca se chorou tanto, nunca se sofreu tanto, como nos dias tristes que vivemos. E é justamente a infelicidade, o sofrimento, que mais impele o indivíduo para as coisas do espírito. A doutrina espírita, abrindo à alma humana horizontes novos, dando-lhe a certeza de que não sejam susce-

tíveis de redenção, que não há condenações eternas e inexoráveis, que a justiça divina se exerce através da divina misericórdia e que uma e outra são infinitas e perfeitíssimas e a cada pecador, por mais tremenda que seja a falta cometida, por mais fragorosa que tenha sido a queda, proporcionam oportunidades para se redimir completamente, para se aperfeiçoar, para se purificar, e, portanto, para subir na escala espiritual. É a essas condições que atribuímos a vitória sempre crescente da causa espírita e o grande, o formidável impulso que está tomando agora.

O jornalista indaga sobre a diversidade de crenças espíritas; e o entrevistado esclarece:

– Não há, propriamente, diversidade de crenças espíritas. Há diversidade de ritual. Os fenômenos espíritas começaram a ser estudados de maneira metódica, racional, por Allan Kardec, que foi o codificador do Espiritismo. Mas há manifestações espíritas que se realizam sob outro ritual, constituindo o chamado Espiritismo de Umbanda. É o que realizavam nossos antigos africanos, que o trouxeram da África. A sua prática é, por certo, antiquíssima e fora impossível fixar-lhe a origem. O ritual é diferente, as manifestações também são diferentes do Espiritismo de Kardec, mas umas e outras são manifestações espíritas. Como em certas religiões há diversidade de ritual, conforme os povos que a praticam, também no Espiritismo isso ocorre. Mas, em última análise, Umbanda e Kardec são folhas do mesmo tronco – o Espiritismo – que, por sua vez, como as outras crenças, constituem ramos de uma árvore comum – a fé religiosa.

A confraternização dos espíritas

– É verdade, responde o Sr. Pessoa a uma pergunta nossa, que vimos trabalhando no sentido de obter-se intima aproximação entre os que se dedicam ao Espiritismo, seja qual for o ritual que sigam. Se as fontes da nossa doutrina é a mesma, se um só é o nosso objetivo – o aperfeiçoamento espiritual – não se justifica que vivamos isolados uns dos outros. Ao contrário, o que é certo é que nós nos completamos. Nenhuma outra religião pode oferecer ao pensamento humano o que oferecemos – um formidável acervo de verdades comprovadas por cientistas da mais alta responsabilidade e de renome universal, mediante experiência com todos os rigores dos métodos científicos. Sim, porque nós temos o chamado "espiritismo científico", que se dedica a estudar os fenômenos espíritas à luz dos conhecimentos e das técnicas científicas mais exigentes. É só no Espiritismo que isso se vê. Mas, como dizia, procuramos articular entre si todos os que se dedicam ao Espiritismo, para maior segurança do progresso da crença espírita e mais fácil realização dos nossos objetivos, que, como já disse, se resumem no aperfeiçoamento espiritual. O movimento inicial nasceu no Espiritismo de Umbanda. Com essa finalidade, foi fundada a União Espiritualista Umbanda de Jesus, que visa a articulação de todos os centros em que se pratica o Espiritismo de Umbanda em todo Brasil, e principalmente no Distrito Federal, onde, aliás, essa doutrina atingiu surpreendente desenvolvimento. Queremos uniformizar a nossa liturgia, o nosso ritual, a orientação seguida para o preparo dos sacerdotes de Umbanda. Depois virão outros itens do programa, inclusive a assistência social aos que se dedicam à nossa crença. Os nossos irmãos de Kardec já têm as suas agremiações, como essa pujante Federação Espírita Brasileira que congrega centenas de centros de sua especialidade. Têm eles, ainda, obras notáveis que não devem ser esquecidas, pela sua alta benemerência social – o Hospital de Clínicas Allan Kardec, o Abrigo das Crianças, e o Abrigo dos Velhos, pertencentes à União dos Discípulos de Jesus, o Abrigo Tereza de Jesus e outros. Aí está. Congregando todas essas entidades, teremos realizado uma admirável obra de confraternização religiosa, que há de marcar época, permitindo o aperfeiçoamento cada vez maior do nosso corpo de doutrina.

Os espíritas perante a sociedade

– E os espíritas não pretendem arregimentar-se para as suas reinvindicações?

Pergunta o jornalista.

– Com o Divino Mestre, eu lhe direi que o nosso reino

não é deste mundo. O que nos preocupa precipuamente é o aperfeiçoamento espiritual. Encaramos a nossa presença neste mundo como uma passagem fugaz, que pedimos a Deus seja a mais curta possível, Aqui estamos para realizar uma tarefa de aperfeiçoamento. Quando adquirimos um corpo humano, com todas as suas deficiências e inferioridades, com todas as suas fraquezas, e todos os males que o acometem, estamos trabalhando pela nossa purificação, através do sofrimento. A morte para nós é uma redenção. Que recebemos com alegria e gratidão. Por isso mesmo, temos os olhos voltados sempre para a eternidade. Mas, aqui estando no desempenho de uma missão que a misericórdia divina nos deu, da melhor maneira possível. Não podemos olvidar os deveres que temos para com os nossos semelhantes, para com as nossas famílias e para com o Estado. A César o que e de César, a Deus o que é de Deus. O espírita, por isso mesmo, deve ser bom cidadão, cumprindo a rigor os seus deveres, para com o país e para com a Sociedade, dentro da ordem, do trabalho e da solidariedade humana. E – digam as nossas autoridades – o espírita é em geral bom cidadão. Não se veem agremiações espíritas perturbando a ordem pública, conspirando contra a estabilidade das instituições, fazendo revoluções. Não se registrou o quinta-colunismo[7] entre os espíritas. Cumpre-nos colaborar na vida com elevação e patriotismo. É justo que também colaboremos no aperfeiçoamento das nossas leis e das nossas instituições. Não falhamos jamais ao cumprimento de nossos deveres cívicos, Atualmente, ainda não dispomos de completa liberdade de ação. O Espiritismo ainda não obteve integral liberdade de culto. Ainda somos olhados com desconfiança, ainda dependemos de autorização e fiscalização policiais para a instalação dos nossos templos e para a celebração dos atos do nosso culto. Os nossos sacerdotes ainda são previamente fichados e licenciados pela Polícia. É só o Espiritismo que pode apresentar ao exame de

[7] Quinta-coluna é uma expressão usada para se designar aquele que atua dentro de um grupo, praticando ação subversiva ou traiçoeira, em favor de um grupo rival. O termo surgiu durante a guerra civil espanhola (1936-1939) para designar a comunidade de madrilenhos simpatizantes do general Francisco Franco (Nota de Diamantino Fernandes Trindade).

consciência universal esse crisol. Mas, compreendemos ainda nisso uma provação, que um dia há de desaparecer. Todas as religiões foram recebidas com desconfiança, muitas foram perseguidas e oprimidas. Nos primeiros tempos do cristianismo, os cristãos só podiam respirar os ares das catacumbas. O sangue dos mártires ensopou as arenas de Roma. É verdade, porém, que o estoicismo dos cristãos e a sua fé inquebrantável abalaram o ânimo dos seus perseguidores e propiciaram ao cristianismo a vitória magnífica que deu ao mundo a civilização ocidental. O Espiritismo também há de transpor a fase negativa, em que se lhe recusa o elementar direito à liberdade de culto, concedido indistintamente às demais religiões. As leis – bem o compreendemos – retratam o pensamento dominante na época em que são feitas, mas o progresso lhes vai indicando e impondo modificações que as aperfeiçoam. O nosso código Comercial, por exemplo, foi feito ao tempo em que a navegação transoceânica se fazia a vela. Isso não impediu que se mantivesse em vigor até hoje, o que prova a excelência da obra, muito embora leis posteriores – e até leis não escritas, mas resultantes dos usos e costumes – viessem ajustando, aqui ou ali, o seu texto às conquistas do progresso. Assim há de ser também com o que interessa ao Espiritismo. O progresso há de vir. Os espíritas não constituem apenas uma meia dúzia desprezível de indivíduos. Mais trinta e seis mil, já preparados, aguardam apenas licença policial para o início do seu alto ministério espiritual. Convém lembrar que os nossos sacerdotes, os médiuns, além da preparação religiosa, passam por uma seleção muito rigorosa, do ponto de vista médico, só começando a trabalhar depois de declarados física e mentalmente aptos e de registrados na Polícia, o que pressupõe, também, atenta investigação de antecedentes. Só um dos nossos templos – a Tenda Mirim – utiliza mil e seiscentos médiuns, devidamente registrados, e acusa uma frequência mensal superior a quarenta mil pessoas. É preciso notar que não podem frequentar as cerimônias espíritas os menores. Computadas as crianças, filhas de pais espíritas, a quanto montará a população espírita do Distrito Federal? E a do Brasil? Só as estatísticas oficiais poderão revelar com segurança a situação, que nós bem conhecemos. Não pretendemos fundar nenhum partido político, conforme já se nos perguntou. Não temos preocupações políticas. Examinaremos serenamente os programas com que se apresentarem à consciência cívica do país os candidatos, no momento oportuno, e então fixaremos a orientação a seguir pelos que quiserem ouvir o nosso conselho.

ANIVERSÁRIO DE JOSÉ ALVARES PESSOA

Jornal de Umbanda, n. 32, julho de 1953

No dia 31 de maio último completou mais um aniversário o nosso querido confrade José Alvares Pessoa, o Capitão Pessoa como é de todos conhecido, Presidente da Tenda Espírita São Jerônimo e Vice-Presidente do Conselho Deliberativo da União Espiritista de Umbanda do Brasil.

Pela sua grande cultura espiritualista, pelo seu muito amor à causa da Umbanda, seu raio de atuação, sua projeção é de grande importância no futuro de nossa religião. Fazemos causa comum com a multidão de seus amigos e correligionários que lhe apresentaram cumprimentos e votos de muitos anos de vida profícua em prol da nossa causa.

TENDA ESPÍRITA SANTO AGOSTINHO

Jornal de Umbanda, n. 49, dezembro de 1954

No dia 23 de novembro último festejou essa nossa filiada seu 13º aniversário de fundação. Coincidindo a data com a que se comemora a de seu patrono Santo Agostinho, foi organizado um programa que constou de duas partes. A primeira, sessão solene em que usaram da palavra o presidente Coriolano de Gusmão e **Capitão José Alvares Pessoa**, presidente da **Tenda Espírita São Jerônimo**, o Dr. Cisneiros, o presidente da União e o presidente Braga, e dois médiuns. Foi cantado de início o hino a Oigan.

A segunda parte foi espiritual, tendo a sessão decorrido

em ambiente de muita alegria, harmonia e disciplina, apesar da casa estar cheia que mal permitia o movimento de um para outro lado.

Fazemos votos pelo progresso cada vez maior dessa filiada da União, e lá estaremos, se Oxalá o permitir, no próximo ano.

ESTÁ CERTO!

Jornal de Umbanda, n. 45, agosto de 1954

Jura

(A respeito do artigo "Precisamos emancipar a Umbanda")

Saravá mais uma vez a gloriosa falange de Umbanda que está a serviço da humanidade, em uma cruzada santa de grande significação.

Clareiam-se os horizontes e despontam límpidas e novas madrugadas. Já há fontes de luz sobre os caminhos e a estrela matutina, a mesma que ensinou Maria o caminho de Belém, conduz com segurança ao porto de salvação, a nau que navegava com rumo incerto. Está de parabéns o irmão José Alvares Pessoa e a família umbandista universal. Portanto, rendamos graças a Oxalá por haver proporcionado, nos tempos que correm, a graça de acertarmos o verdadeiro caminho.

Como bem disse o nosso confrade e confirmam os nossos "Velhos", os Santos da Igreja Católica nunca foram os nossos Orixás de Umbanda, tendo sido, apenas, um meio de conciliação aos interesses em jogo naquela remota época.

É tempo já de colocarmos tudo nos seus devidos lugares. O ritual de Umbanda só estará de fato integrado em seu verdadeiro trono, quando não mais restarem nos nossos altares as venerandas imagens por nós usadas até hoje e que, segundo a opinião do nosso confrade, e a de nossos Guias, a nós não pertencem.

Devemos entregá-las a quem de direito. A César o que é de César e a Deus o que é de Deus. Até as datas comemorativas serão possivelmente modificadas e, assim, em grandes Assembleias de "Velhos e Caboclos" (não de chefes de

Terreiro) surgirão, por delegação dos Orixás de Umbanda, os seus dias de consagração. Estou certo e muito certo de que tudo isso se dará em tempo que não estará longe de nossos dias, mas também não tenho a menor dúvida de que toda essa campanha custará aos umbandistas muitos dissabores e sacrifícios.

A Igreja certamente não verá com bons olhos esta emancipação definitiva e fará, por todos os meios possíveis, uma campanha ao sabor das suas malícias, no intuito de impedir o nosso avanço. Tudo está previsto, mas nada nos deterá.[8]

Rio de Janeiro, 5 de julho de 1954 (Jura).
(Do Centro Espírita de São Jerônimo – Jacarepaguá).

DISCURSO DE JOSÉ ALVARES PESSOA

Pronunciado na Tenda Espírita São Jerônimo em 30 de setembro de 1954

A Umbanda caminha a passos largos para a realização de um ideal que acariciamos há longo tempo e que pequenina semente, plantada por um grupo de homens de fé e de boa vontade há mais de 40 anos, orientados e dirigidos pelos Espíritos de eleição que são o Caboclo das Sete Encruzilhadas e os seus abnegados companheiros. Nasceu e cresceu regada com o suor de tantas criaturas altruístas que vêm dando o melhor de sua vida por tão nobre causa, e hoje, qual mangueira frondosa, aconselha-nos à sua sombra acolhedora.

Este ideal que é a transformação de Umbanda na religião que dominará todo o território brasileiro, e daqui, com a graça de Deus, há de espalhar-se por este continente abençoado que é o continente do futuro, nós o veremos concretizado em obra imorredoura e, apesar dos tropeços que a cada momento ainda perturbam a nossa marcha, para a qual são inúteis os obstáculos, haveremos de vencer com galhardia, triunfando de todos os empecilhos que porventura ainda teremos de enfrentar.

[8] OBS. Tais fatos não se confirmaram, pois, até hoje a maioria dos umbandistas continuam usando as imagens de Santos Católicos em seus congás e seguem o calendário da Igreja nas comemorações aos Orixás.

Achamo-nos arregimentados como para uma batalha iminente e, escudados na nossa fé inquebrantável em Nosso Cristo Oxalá e amparados pelas inúmeras hostes de Espíritos benfazejos que almejam ver implantadas nesta Terra uma religião isenta do interesse vil das coisas materiais, nada tememos, porque o limpo de coração tem Deus consigo.

É preciso que nos convençamos e que conosco se convençam todos os que direta ou indiretamente tiverem conhecimento do nosso movimento, que Umbanda não deseja ser tomada como Espiritismo, nem experimental, nem mágico, porque Umbanda faz questão de mostrar-se tal qual é – pura e simplesmente religião, magia e espiritismo religioso cristão que um dia empolgará a Terra de Santa Cruz e se espalhará pelos quatro cantos deste continente.

Umbanda é simples, humilde, espiritual, magia, espiritismo e cristianismo; propugna pela felicidade dos humildes que a procuram, levando alívio aos que, abatidos pelos sofrimentos, quer moral, material ou espiritual, não se envergonham de ajoelhar-se aos pés dos Pretos Velhos ou dos seus intrépidos Caboclos para implorar o seu auxílio e a sua graça. Os Espíritos que baixam em nossos Terreiros não vivem na beatitude excelsa dos Céus dos padres católicos; permanecem sempre, como eles mesmos dizem, na Aruanda, que é lugar de trabalho onde estão sempre alertas aos sofrimentos dos desgraçados deste planeta de expiação, para acorrer no momento propício, para dar-lhes força para levarem avante as demais provas a que estão sujeitos.

E nós, a exemplo dos nossos Guias admiráveis, só nos preocupa o alívio que possam obter os nossos irmãos em sofrimento.

Em Umbanda não nos preocupamos com as pesquisas dos laboratórios científicos e psíquicos, onde se pesa o fluido, verificam-se as formações do ectoplasma que produz as materializações e modelam-se em cera os membros dos Espíritos materializados; nem tampouco nos debruçamos horas a fio sobre os livros para indagar da natureza do corpo físico de Jesus.

O que nos interessa não é o corpo físico do Mestre Divino

e sim a sua essência mesmo, o seu ego imponderável, a caridade que irradia sobre nós todos, é que a seus pés vivamos em oração.

Nos Terreiros de Umbanda, onde despidos dos enfeites dos sacerdotes que oficiam nos grandes templos, os seus médiuns, pobres e humildes como os pescadores que acompanhavam o Salvador, deixam as canseiras dos seus trabalhos de cada dia para servirem de instrumentos aos Guias que realizam a Caridade, que a milhares já têm beneficiado; onde não reina o espírito de lucro, nem domina o ideal do mando. Não há tabela de preços para a quantidade de graças que espalham os Pretos Velhos e os Caboclos, pelos filhos que os buscam; não há hora para se fazer a caridade, porque inúmeras são as vezes que pobres operários e humildes empregados, desprezando o tempo que lhes sobra para o descanso a que têm direito, entram pela madrugada nos trabalhos do Terreiro para levar a esperança que sempre se concretiza numa realidade boa para o desgraçado ou o poderoso que bate à porta de nossas Tendas sempre escancaradas para todos e frequentadas por enormes multidões. É verdade que há umbandistas desgarrados que recebem pelos trabalhos de seus Guias, mas onde há o trigo há sempre o joio e é preciso que ambos cresçam para que este seja colhido e lançado ao fogo.

Umbanda já é bastante conhecida, mesmo pelos que não a praticam; todos sabem que nos seus Terreiros a caridade é feita gratuitamente; o nosso lema é dar de graça o que de graça recebemos.

É, pois, chegada a hora em que desassombradamente devemos nos apresentar diante de todos em igualdade de condições com as outras religiões que sem perseguições vicejam à sombra da lei.

Umbanda, por seus elementos representativos, prepara-se para fazer frente aos que, convencidos de que são os únicos detentores da verdade e das lições do Divino Mestre, movem contra ela uma perseguição tenaz porque pressentem a sua vitória para muito breve.

Umbanda é grande, apesar da humildade com que se manifesta o seu ritual e a sua liturgia se encontra a cada passo no

Velho e no Novo Testamento, nos templos do Egito e da velha Índia. Por mais remota que seja a religião encontra-se nela, sem nenhum esforço, vestígios da Umbanda.

É um engano pensar-se que Umbanda é uma invencionice de pobres pretos africanos, arrastados como escravos pela infâmia dos negreiros para as terras brasileiras. Umbanda é milenar; Umbanda não tem idade. É verdade que o movimento da implantação da Umbanda pura tem pouco menos de meio século, o que se compreenderá bem quando se dispensar alguns minutos para um raciocínio simples.

O Brasil que tem menos de cinco séculos tem sido desde a sua descoberta um campo de fácil conquista dos padres católicos que aqui aportaram com as primeiras caravelas. Tiveram esses senhores a visão profundamente inteligente do que seria no futuro a Terra de Santa Cruz.

É aqui que se implantaram e impuseram sua vontade. É de notar-se que naquela época os nossos colonizadores seguiam a religião dos seus antepassados; não havia concorrentes, portanto tinham cem por cento de probabilidade para se imporem e dominarem. Mas o tempo corre, as coisas mudam. O homem que é sempre irrequieto procura ver novos horizontes e busca sempre à novidade. Como a vinda dos pobres cativos não imaginavam os seus algozes que também veriam a semente da religião que no futuro faria concorrência à religião que trouxeram da terra mãe. E agora, a despeito de todos e de tudo, a magia de Umbanda se arregimenta para tomar o lugar que lhe compete como verdadeira religião, tão espiritual como qualquer outra, propugnando pelo ideal de doutrina cristã que nos toca a alma mais de perto.

Mas, a Umbanda trazida pelos pretos era tão velha, ou ainda mais velha do que o continente de onde vinha.

Raça das mais antigas, a negra era detentora de segredos invioláveis que não transpunham os umbrais dos seus templos. Por isso, deturpada pelos seus portadores e sem ambiente para propagar-se rapidamente, demorou a Umbanda até agora a aparecer com a sua característica verdadeira, livre dos erros que no seu rito estavam arraigados, como o ouro que somente depois de bateado, desprende-se da terra suja com que se achava misturado.

A Umbanda é hoje esta magnífica realização que estamos vendo; palpita como um corpo vivo cujos órgãos são todos perfeitos. É uma máquina cujas peças ajustadas funcionam sem o menor embaraço. Prontos para uma ação decisiva estamos todos a postos, intrépidos, com os olhos voltados para o nosso Guia Maior, Nosso Cristo Oxalá, em cujos pés depositamos as nossas esperanças, os nossos anseios, os nossos sofrimentos e a certeza plena de vitória.

Sabemos que esta vitória ainda está longe, mas no longínquo horizonte onde se encontra esta vitória, divisamos a figura do Verbo Solar Oxalá, resplendente de luz, cercado pelas Sete Linhas de Umbanda que lhe rendem eterna homenagem e lhe pedem incessantemente que lhes conceda a graça de reunir em um único bloco toda a família umbandista para que a Umbanda seja a maior força viva do Brasil, a sua verdadeira religião.

E sabemos também que neste dia glorioso em que mais uma vez nos achamos aqui reunidos para comemorar o nosso Orixá Xangô, as falanges gloriosas de todos os Orixás de Umbanda que presidem a nossa festa, rejubilando-se conosco, entoando curimbas ao Altíssimo, dão-nos a certeza de que com Ele contaremos para a realização da nossa missão; dar-nos-ão força para a luta, inspiração nos momentos difíceis, luz para não errarmos no caminho e a proteção do que necessitamos para alcançarmos o bem maior que é a absoluta felicidade espiritual.

Meus amigos, entoemos um hino de louvor ao nosso admirável São Jerônimo, o nosso todo poderoso Xangô, pedindo-lhe bênçãos e graças para todos nós e para a Casa que tanto amamos, a sua Tenda.

A PROPÓSITO DO DIA DE UMBANDA

José Alvares Pessoa

Jornal de Umbanda, n. 51, fevereiro de 1955

Em meados do ano passado, logo após o afanoso trabalho de preparação da exposição dos quadros dos Orixás de Umbanda na sua nova concepção, recebi a intuição, que considero maravilhosa, de introduzir no nosso culto a celebração de festas comemorativas do dia especialmente consagrado à Umbanda, isto é, a criação do "Dia de Umbanda", implantando sua devoção nos corações dos seus fiéis, prestando homenagens públicas e retumbantes ao nosso culto nesse dia, que será guardado religiosamente por todos os umbandistas, que entre outras práticas estabelecerão a obrigação de não comparecer ao trabalho, seja de que espécie for. O funcionário público não irá às repartições, o operário não comparecerá às oficinas, os comerciários não irão aos seus empregos. Será o dia santo de guarda de Umbanda.

Consagrado tradicionalmente a Yemanjá, a divina Mãe da Umbanda, já se acha o dia 31 de dezembro, com o maravilhoso ritual da meia noite, quando todos os seus devotos comparecem às praias para levar-lhe flores, presentes e velas, ou atravessam a baía de Guanabara com o mesmo objetivo.

Era preciso, entretanto, arranjar-se um dia altamente esotérico, a fim de que a festa de Umbanda se pudesse revestir de características espirituais de tal ordem que a celebração do culto redundasse em grandes benefícios aos seus devotos.

Como ocorre sempre, meditei profundamente sobre o assunto antes de procurar entre os 365 dias do ano aquele que deveria ser consagrado à realização de um acontecimento de tal magnitude.

A princípio, lembrei-me de uma data de alta significação ocultista – 21 de junho, dia que marca no calendário o solstício do verão, isto é, a entrada do Sol no signo de Câncer, no seu ponto de maior afastamento do equador e aí parece ficar estacionado durante alguns dias. É uma época do ano cheia de encantamento, de magia e de mistério; época de grandes realizações espirituais, de iniciações e profundamente sérias.

Entretanto, dúvidas invadiram-me o espírito quanto a essa escolha e como na minha casa os assuntos que de perto dizem respeito à Umbanda são estudados, discutidos e amplamente debatidos, submeti a minha ideia a outros umbandistas amigos, que são sabiamente profundos conhecedores de ocultismo e dos assuntos relacionados à Umbanda.

Um dos amigos queridos que frequentam a minha casa e com quem tenho o maior interesse e prazer de manter conversas sobre os assuntos transcendentes do espiritualismo é o ilustre jornalista-médico Dr. Ramayana de Chevalier. Espírito dos mais brilhantes que conheço, inteligência fulgurante, das mais lívidas e vivas, possuidor de uma sólida cultura geral e especialmente detentor de uma alta e invejável dose de conhecimentos espirituais e ocultistas, verdadeiro umbandista dedicado a nossa causa, imediatamente, ao ser posto a par do assunto, o meu querido amigo Ramayana sentiu a grandeza da intuição que eu havia recebido e, não obstante ter achado interessante a data que pendia de escolha, prontificou-se a estudar a magna questão.

Dias depois apresentava-me o magnífico trabalho que elaborara sobre o dia 22 de março.

Exultei de alegria ao ler a notável peça, de alto valor esotérico, que convence à simples leitura. Estudei-a com o mais absoluto rigor e submeti-a a uma profunda meditação.

Hoje, depois desse longo e minucioso estudo e amadurecidas reflexões, tendo aceitado integralmente não só a data de 22 de março, como as razões por que foi sugerida, tenho a honra de submetê-la à União Espiritista de Umbanda do Brasil e a todos os umbandistas de boa vontade, mesmo os não filiados, a fim de que, se aceita por unanimidade ou por maioria, o próximo dia 22 de março já pode ser comemorado condignamente.

Das minhas reflexões sobre a matéria ocorreu-me que as comemorações católicas da Paixão e Morte de Nosso Senhor Jesus Cristo, que são festas móveis, às vezes caem nos últimos dias do mês de março.

Devotos do Cristo, como são todos os umbandistas, seria chocante e incompatível com o mais puro sentimento de cristãos festejar Umbanda na chamada Semana Santa, notadamente quinta ou sexta feira.

Mas as festas móveis da Igreja são decretadas pelo Papa e em Umbanda não há Papa, nem haverá, espero em Deus. Há, todavia, a União Espiritista de Umbanda do Brasil, que enfeixa poderes para decidir sobre vários assuntos.

Sugiro, então, que a cada ano, tendo em vista a coincidência ou não das comemorações da Semana Santa, a União Espiritista de Umbanda do Brasil determine – com alguns meses de antecedência – o modo por que será o dia 22 de março comemorado pelos adeptos da Umbanda. Pomposamente, se não houver qualquer coincidência, como ocorrerá no presente ano de 1955, início da nossa festa; religiosa e com a maior discrição, isto é, cada um no recesso do seu lar, quando coincidir com a quinta ou sexta-feira da Semana Santa, ou ainda com ritual não festivo.

Uma coisa, entretanto, desde já deverá ficar firmada: nesse dia, haja o que houver, os umbandistas se absterão de comparecer ao trabalho, dando um magnífico exemplo de devoção e de entranhado amor à causa da Umbanda, que mais dia, menos dia, será reconhecida como a verdadeira religião do Brasil.

Os umbandistas, a cuja sensibilidade e intuição foi submetida a nova concepção dos Orixás de Umbanda e que, aceitando-a plena e calorosamente, coroaram de êxito a minha iniciativa – certamente compreenderão e sentirão o alcance da minha proposta e não lhe negarão o seu aplauso.

Eis o trabalho do Dr. Ramayana de Chevalier, já por mim aceito e para o qual peço o beneplácito dos meus correligionários:

O Dia de Umbanda

Ao prezado amigo José Alvares Pessoa, autor da ideia luminosa da escolha de uma data para a Umbanda, esta modesta e sincera colaboração do Ramayana de Chevalier.

Rio, junho de 1954.

A escolha do mês e a escolha do dia revelam sabedoria e intuição. O dia 22 de março assinala a passagem do

nosso planeta por uma das faixas zodiacais.
Vinte e duas eram as letras do alfabeto usado em todos os templos da antiguidade, que se colocam nos vértices da estrela de 12 pontas do Arqueômetro, composto em língua vatan ou adâmica, sânscrito, aramaico, siríaco, hebraico e chinês, segundo o trigrama de Fo-Hi, uma referência respeitável de Fortis de Urban.
Vinte e dois de março se compõe em dois mais dois igual a quatro.
Março, o terceiro mês, entra com o seu número altamente esotérico. Então teremos: dois, mais dois, mais três, igual a sete, um dos esteios da numerologia ocultista.
Sete eram as vogais do alfabeto arcaico do Oriente-Médio, em todos os idiomas.
Sete são as notas musicais, que compõem a harmonia.
Sete são as cores do espectro e sete os planetas essenciais (excluídos Urano, Netuno e Plutão, que quase nenhuma influência exercem sobre a humanidade).
Os outros alfabetos antigos eram de vinte e quatro letras ou horários; de vinte e oito, os lunares; de trinta os mensais; de trinta e seis ou decânicos e de quarenta e oito ou devanagais.
Março, o terceiro mês, esteve, até agora, sob o signo de Áries, o Cordeiro, que presidia à Lei de Hamon, a lei do Carneiro (Rama).
A passagem do planeta pela Casa de Áries recebe a consagração do Sol, no hemisfério sul, na sua fase abençoada e maviosa.
Jesus é para nós o Sol, na sua iluminação divina!
Os nomes de Jesus, Cristo e Mitra, já eram louvados antes do nascimento do Mestre Sublime, por Zaratrusta, pois que simbolizavam, no Zend-Avesta, o Filho de Deus, personificado no Sol, seu primogênito, o Salvador da Humanidade das durezas do inverno.
Daí ter o Arcanjo escolhido o nome de Emanuel para o Mestre.
A numerologia que exalta o 3 e o 7 está consagrada no Arqueômetro, síntese de todas as religiões, de todas as ciências antigas, presentes e futuras, porque é a síntese do Logus.
Diz o Mahabaratha hindu, escrito muito antes da exis-

tência de Sargão I, portanto de Moisés: Kunti ou Pritha, filha de um Rei, foi amada pelo Deus do Sol, que lhe deu um filho.

Diz o papiro de Torino, encontrado no túmulo de Tut-Ank-Amon, faraó, Rei de Tebas, que viveu há cerca de 3350 anos: "Eu protejo e estou com os Reis de Justiça, que estão presentes perante Amon".

Amon é o Cordeiro, é Áries, era o Verbo dos egípcios, é a Vida e a União, simbolizada no Sol, fonte de calor e de dinamismo.

No Gênesis, o Cordeiro, Áries, é a principal figura simbólica.

Em Celta, a palavra Lama se traduz por Cordeiro, que é Áries, a primeira Casa do Zodíaco e o diretor do equinócio do primeiro terço do ano, onde o Sol, puro, brando e ameno, transforma o Brasil em um abrigo admirável, aos seus filhos e aos filhos de todas as pátrias!

Assim se sente na frase do Mestre Sublime: "Eli, Eli, Lama Azabhatani!", cuja tradução é: "Senhor, Senhor, como glorificais o Cordeiro!" – frase muito mais crística do que que a outra que diz "Por que me abandonaste?", em uma reprimenda ao Pai Supremo.

Por isso Rama adotou o Cordeiro (Áries) como brasão do seu Pontificado e é por esse nome que os Pontífices de Lassha e do Tibet são designados.

O Sol, fonte de Vida, preside, na Terra, ao destino místico das religiões, penetra no Céu pela Porta do Cordeiro, que é Áries, a Porta de Ormuzd. Nessa porta está um querubim, armado com uma espada flamejante para defende o Cordeiro.

Há três ciclos, sendo que, segundo Merejkoesky, o mistério dos três se realiza em três mundos. É de supor que estamos no 2° Ciclo, o da Destruição pelo Fogo, simbolizado pelo Sol, que é Áries.

Assim preconiza também João, no "Apocalipse", com as suas três terras.

François Lenormand, na sua *Histoire Ancienne de l'Orient*, diz que se achou em Babilônia uma "stella" representando Rama ao pé do Cordeiro e coroado com o Disco Solar: "O Reinado do Cordeiro é o Reinado da Paz!".

Quando Jesus veio à Terra foi para restabelecer o Reinado do Cordeiro, o poder de Áries, a Religião da Paz, deturpada depois pelos que abençoam as armas de guerra fratricida, em vez de condená-la sumariamente. Jesus é o Cordeiro Místico.

É a luz do Ocidente, o Sol do nosso coração umbandista, o Áries do Brasil, que a Umbanda vê no seu Sol, fecundando a terra e abrandando nos idos de março com a inclinação dos seus raios!

Agni, um dos elementos vivificantes do Deus persa, o Deus do Fogo, o Deus Solar, está sentado sobre um Cordeiro Azul, o Sol em Áries.

O Deus Amon, do Egito, é representado por uma cabeça de Cordeiro, o Sol, Áries, março.

O Deus Cordeiro de Roma que o poeta Nonnus diz que derrotou Tifon, Anjo da Decadência, na mesma Casa astrônomica, isto é, em março, logo em Áries.

Aries março, o 3º mês, é representado por um 3 horizontal, que significa o símbolo da fecundidade inicial, a cabeça de tropa das Constelações, a primeira morado anual do Sol.

A primeira Casa do Céu, ou Mansão Solar, correspondente ao signo de Áries, é denominada a "A Casa da Vida".

A correspondência zodiacal e planetária: Áries = Fogo. Março, 3º mês, início do amaciamento do Sol no Brasil, no último decanato, isto é, de 20 a 30, marca, no número 22, uma efeméride altamente iniciática e esotérica.

A sua Mansão está impregnada do seu poder e de sua irradiação blandiciosa.[9] Acontece, porém, um fato mais acentuado para favorecer a escolha do mês e da Casa Solar: é que o Zodíaco que é a órbita terrestre ou a eclítica, é, em realidade, uma elipse figurada por um círculo. É uma curva fechada, imaginária, que não é, como muitos o creem, o conjunto das constelações cujos nomes se identificam pelos signos.

Na bela lição de Paul Flambart, temos a convicção de que a precessão dos equinócios, faz com que essa identificação não se produza senão de 25000 em 25000 anos.

Dentro desse raciocínio, em nossos dias, é a Constelação de Piscis que corresponde ao Signo de Áries.

Piscis, de coloração azul-marinho, a cor de Yemanjá,

[9] Carinhosa (Nota de Diamantino Fernandes Trindade).

> que, sendo o último Signo Zodiacal é hoje o primeiro que é Áries, dada a precessão equinocial, está ao sul da constelação de Andrômeda e do Quadrado de Pégaso e nos ilumina com a sua estrela Alfa de 3ª grandeza, que é Fomalhaut.
>
> O evento precessual é grato à Umbanda visto como, além das forças mágicas e esotéricas que nos derivam da Casa do Cordeiro, estamos agora sob o mesmo influxo de Piscis, que foi a constelação que presidiu, no céu, ao nascimento de Jesus, há 1954 anos!
>
> A constelação que viu o Mestre Sublime, verá também a consagração do Dia de Umbanda, a data de 22 de março, na Casa de Áries e sob o influxo de Piscis, homenageando o Sol que nos favorece com a sua Luz e o seu Poder.
>
> A sextília, ou aspecto planetário favorável, entre a Lua e o Sol, na Casa de Áries, no último decanato, na regência de Piscis, é um grito de louvor ao nascimento do Dia de Umbanda no Brasil e no Mundo!
>
> Rio de Janeiro, 30 de junho de 1954.
>
> *Ramayna de Chevalier.*

OBS. No *Jornal de Umbanda*, n. 52, de março de 1955 encontramos a seguinte citação:

> Sobre a proposta da instituição do Dia de Umbanda, objeto de um artigo dos confrades Ramayana de Chevalier e José Alvares Pessoa, publicado no número de fevereiro, ficou estabelecido que no dia 22 de março deste ano fosse feita uma vibração de caráter universal, às nove horas da noite, em que tomariam parte todos os umbandistas, onde estivessem no sentido do progresso da religião de Umbanda e do êxito do Segundo Congresso Brasileiro de Umbanda.

A MAGIA E SEUS MISTÉRIOS

José Alvares Pessoa

Discurso pronunciado na Tenda Xangô em 30 de setembro de 1955

Jornal de Umbanda, outubro de 1955, n. 59

Meus amigos!

O hábito é uma segunda natureza e é pela força do hábito que neste dia de São Jerônimo, que nos é tão caro, mais uma vez vos dirijo a minha palavra de fraternal amizade.

Estamos todos de parabéns, comungamos a mesma alegria e os nossos corações batem em uníssono, obedecendo ao ritmo que em nós canta sob a inspiração do sentimento puro dessa fraternal amizade.

E tudo isso sob a influência da magia de Xangô, que nos traz unidos há mais de 20 anos, no mesmo ideal cristão de fazer o bem a todos os que buscam a sua Casa, ainda que isso nos custe os mais penosos sacrifícios.

Meus amigos, ao falar-vos da magia de Xangô, vem-me à mente os inúmeros benefícios que, antes dos outros, nós mesmos da corrente temos recebido; das vitórias que temos conquistado, na árdua luta de cada dia, para manter a tradição de espiritualidade do terreiro de Xangô; dos sofrimentos que juntos temos suportado nas horas amargas da perseguição que não nos tem faltado; das alegrias pelo dever cumprido; das provas de lealdade que temos recebido de não pequeno número de amigos devotados!

E tudo isso nos leva a crer na Humanidade, no dia incerto do amanhã e sobretudo na incomensurável bondade daquele que é tudo para nós, Pai, Guia, Santo, o nosso incomparável São Jerônimo, que nunca nos faltou.

A minha alma se eleva, neste momento num hino de fé e de amor ao nosso adorado Patrono, para render-lhe o preito da minha mais profunda gratidão e para pedir-lhe que jamais nos abandone.

Meus amigos, também a magia de Xangô me lembra o tema, que me fala tão de perto ao coração, da magia e seus mistérios.

"Toda a ciência ao lado da magia é menos do que uma candeia ao lado da luz do astro do dia", diz o imortal teósofo espanhol Mário Roso de Luna.

É um tema que fascina e sobre o qual, abusando da vossa paciência, resolvi fazer algumas considerações. Considerações ligeiras, porque mesmo que eu dispusesse das 24 horas do dia para discorrer sobre matéria tão relevante não a esgotaria.

Antes de mais nada: o que é a magia?

Para os letrados (aos milhões) do século em que vivemos é superstição grosseira, ignorância e exploração da credulidade humana.

Mas, nós que lidamos com a magia, que a realizamos, que vemos os seus milagres diários, sabemos que magia é a ciência da vida e da morte, é a ciência do bem e do mal, é a arte magna que nivela o homem aos deuses.

A magia, segundo o sábio Adolfo Weiss, que a estuda a luz das ciências oficiais, revela-se irmã maior da moderna física dos raios e seus domínios. É aquele mundo intermédio, entre o mundo conhecido ou material e o do éter, sobre o qual apenas se pode fazer conjecturas.

E acrescenta aquele ilustre sábio: a magia é, portanto, uma ciência dos fluídos que constituem um ramo conhecidíssimo das ciências naturais.

O que fazemos nós em Umbanda, meus queridos amigos? Aproveitamos, por processos de magia, os fluídos, que a ciência reconhece e que enchem o espaço que nos rodeia, para aplicá-los em benefício da humanidade sofredora.

E de que meio nos valemos para a aplicação desses fluídos?

Todos nós que frequentamos as Tendas de Umbanda sabemos como se realizam as suas sessões de magia e como chamamos os nossos Guias, que outra coisa não fazem senão manejar esses fluídos com a sua incomparável maestria.

Lemos ainda em Adolfo Weiss que "no universo existem forças encarregadas por Deus, que se chamam anjos ou demônios, gênios ou espíritos. São inteligências imateriais. Esses gênios possuem faculdades peculiares com as quais podem exercer, sob certas condições, uma influência relativa sobre a Natureza. Cada um dos gênios tem nome, número e signo determinados. Estas três características servem para chamar o gênio respectivo a fim de que cumpra algum encargo na esfera dos fenômenos naturais que lhe são adequados".

Nunca ninguém disse tanto, em tão pouco, que melhor pudesse caracterizar a verdadeira natureza dos admiráveis Guias, que sob a denominação irrisória de Caboclos e Pretos Velhos vem fazer caridade nos terreiros de Umbanda aos orgulhosos senhores da Terra.

São os nossos Guias, *gênios* ou *inteligências imateriais*, como os qualifica o sábio alemão, os Mestres da magia natural, os manipuladores dos fluidos que curam as moléstias físicas ou psíquicas, os trabalhadores do laboratório do astral, este mundo intermédio a que já aludimos, que em Umbanda chamamos Linha das Almas.

É a manipulação desses fluídos, boa ou má, com objetivo de curar ou de matar, de fazer a felicidade ou a desgraça de alguém, é o que se chama magia.

O tema é empolgante.

A magia, que é tão velha como o mundo, ou mais velha, tem tido seus períodos de fastígio e decadência, tem imperado sobranceira e vivido ocultamente, sob mil disfarces, em terríveis épocas de perseguição. Mas nunca deixou de ser exercida, fosse qual fosse a sorte reservada aos seus adeptos, ora chamados de alquimistas, ora de bruxos, feiticeiros, magos, negros etc.

Não sendo religião, todas as religiões a praticam, mesmo inconscientemente, ou ignorando que a fazem os seus sacerdotes, quando realizam cerimônias, que outra coisa não é senão operações de alta magia.

Na Igreja Católica, que tanto combate nos tem feito, procurando o nosso aniquilamento, são outros tantos aos mágicos a missa celebrada diariamente nos seus altares, os batizados, os casamentos, as encomendações dos cadáveres e todos os chamados sacramentos.

O padre invoca, ao realizar qualquer cerimônia litúrgica, os seus santos, para nós espíritos, gênios ou inteligências imateriais, que tem um nome, um número e um signo ideográfico determinados.

Reparemos os símbolos usados nas igrejas, os objetos do culto, as imagens, a roupa ritualística bordada com signos misteriosos, que os sacerdotes vestem, as palavras que pronunciam ou cantam, absolutamente cabalísticas, as essências olorosas que queimam, a água com se aspergem, os mil e um passos ritmados que dão ao realizarem a cerimônia, os gestos mágicos que fazem etc.

Tudo isto é magia, com outro rótulo para o povo ignorante.

E não se pejam de dar-lhe combate, a insultar-nos, como ainda em princípios deste ano fez o Cardeal Câmara.

Despeitado por não ter podido realizar, a 31 de dezembro passado, a tão propalada missa, na então inacabada Praça do Congresso Eucarístico, missa que tinha como primordial objetivo tirar o brilho das festas que anualmente realizamos nas praias da cidade maravilhosa e do Estado do Rio, aquele padre da Igreja Católica procurou ferir-nos, chamando-nos "emissários do inferno" e qualificando o nosso culto à Senhora dos Mares de "ridículo, degradante e pecaminoso", Isto foi publicado no vespertino *O Globo*, de 8 de janeiro deste ano.

Mas os insultos não nos atingiram. E enquanto o cardeal se enchia de raiva, por não ter podido realizar a sua missa e assim desviar das praias a massa humana que para elas se deslocou, nós realizávamos, mais uma vez, com um brilho excepcional, a nossa festa de devoção, o nosso rito de magia à Divina Mãe de Umbanda e do Universo, aquela que não tem idade, porque é o próprio Deus com forma, ou em movimento, na sua eterna representação da divina energia.

Vale aqui um parênteses para uma amarga observação. É verdade que, para tristeza nossa, a maioria dos que se dizem umbandistas ainda se sente na obrigação de prestigiar os padres católicos, levando às suas igrejas os filhos à batizar, a fazer a comunhão, a casar etc., esquecendo, infelizmente, que são por eles desprezados e injuriados e nivelados a "emissários do inferno". Mas, que se há de fazer? Eles sentem verdadeiro prazer em contribuir com milhares de cruzeiros para canalização da fortuna que anualmente é carreada para os porões do Vaticano! Recebem os benefícios que os Pretos Velhos e os Caboclos lhes proporcionam gratuitamente e como escravos vão pagar o tributo que lhes é cobrado sem piedade pelos padres da igreja, do jugo dos quais não conseguem libertar-se. É uma verdadeira infelicidade!

Mas, voltemos à magia, que em Umbanda praticamos conscientemente e com a certeza do bem que por seu intermédio pode ser realizado para felicidade da humanidade sofredora.

E como sabemos que o homem nada pode realizar por si só e que, como diz ainda o sábio Adolfo Weiss, tem que conformar-se com as leis da força de que deseja aproveitar-se, invocamos humildemente as poderosas inteligências imateriais, que constituem os Guias de Umbanda, que acorrem ao nosso chamado, feito com a mais pura e sincera fé, e que realizam, sob os olhos atônitos dos que os invocam, os milagres diários, que dão vida aos condenados à morte pela ciência, que proporcionam felicidade aos desesperados da Vida, que confortam o coração dos aflitos com as palavras de amor e esperança que sabem dizer quando é necessário, que levantam os espíritos abatidos pela dor e que nos mostram a cada passo como é vã e tola nossa vaidade e como são pequenos os que se julgam alguma coisa.

Meus amigos, façamos hoje, em homenagem ao Senhor da Magia, o nosso incomparável Xangô, um ato de fé nos destinos de Umbanda, a magia divina praticada nos terreiros, que será, em dia que não está longe, a religião do povo brasileiro.

Saravá Umbanda! Saravá Xangô!

UMBANDA – RELIGIÃO SEM DOGMAS

José Alvares Pessoa

Jornal de Umbanda, n. 51, fevereiro de 1955

Resumo da breve palestra no auditório da ABI, no dia 1 de janeiro de 1955, nas comemorações do 5º aniversário da Legião da Boa Vontade.

Irmãos Legionários da Boa Vontade, as nossas saudações fraternas em nome da Umbanda, que temos a honra de representar nesta data magnificente em que a Legião da Boa

Vontade comemora o 5º ano de vida, congraçando 11 representantes de várias religiões e correntes filosóficas, cada qual trazendo o seu apoio ao movimento de religiões irmanadas instituído pela Legião.

Pela primeira vez a Umbanda se faz representar nesta Tribuna da LBV a convite de seu fundador e Presidente Alziro Zarur, – magnífica oportunidade para vos falar desse fenômeno maravilhoso que se denomina Umbanda, tão incompreendida por muitos e depreciada pelos que desconhecem suas reais e verdadeiras finalidades caritativas-religiosas.

Sendo a Umbanda um movimento dirigido pela Espiritualidade, compreende-se desde logo ser um movimento orientado pelos Espíritos do Senhor, sob a égide de Jesus – o Único nome e dono da grande seara. Procuramos no livro da vida, – a Bíblia, as razões desse movimento que dia a dia se espraia pelas terras de Santa Cruz, conquistando uma legião infinita de adeptos e praticantes.

Assim, estamos certos de que se cumpre a profecia de Joel (Joel, cap. 2, versículos 28 e 29) no Velho Testamento, citado por São Pedro em Atos dos Apóstolos, cap. 2, versículos 17 e 18; no Novo Testamento:

"E acontecerá nos últimos dias, diz o Senhor, que eu derramarei do meu Espírito sobre toda a carne, e profetizarão vossos filhos, e vossas filhas, e os vossos mancebos e os vossos anciãos sonharão sonhos. E certamente naqueles dias derramarei do meu Espírito sobre os meus servos e sobre as minhas servas, e profetizarão...

"NOS ÚLTIMOS DIAS" diz a profecia no Velho Testamento, profecia que o Apóstolo São Paulo confirma no Novo Testamento. É bastante expressiva essa confirmação, pois todos sabem que estamos vivendo os últimos dias do segundo milênio, quando a humanidade terá, ainda, os "últimos dores" como ensina o Evangelho e adverte João Evangelista em "Apocalipse". Ora, temos de reconhecer que o fenômeno das manifestações dos Espíritos se realiza com o anunciado do Profeta e do Apóstolo, – pela vontade única do Senhor. Debalde tentarão opor diques às manifestações ostensivas dos Espíritos, porquanto eles cumprirão a sua missão dentro do determinismo das Leis imutáveis, em obediência à vontade de Deus.

Mas, quando falamos em Umbanda, é necessário esclarecer a existência de práticas outras em sentido diametralmente oposto, as quais o povo menos avisado CONFUNDE como sendo Umbanda. E para estabelecermos desde já a distinção indispensável para que se situe cada prática ao seu verdadeiro ambiente e consequentes finalidades, declaramos e esclarecemos que:

1. O Africanismo, de que tratam os autores mais autorizados como Nina Rodrigues e Artur Ramos, é sem dúvida o Candomblé e suas variantes de acordo com a herança dos Pais de Santo provindas da África ao tempo do Brasil-Colônia.
2. Nas práticas africanistas encontramos ainda a adoração de fetiches em mistura com as imagens dos Santos Católicos, com seu ritual grosseiro, suas danças coreográficas, bater de atabaques (tambores), provas de comer fogo, obrigações e despachos nas encruzilhadas, matança de animais, consultas para arredar do caminho desafetos, arranjar casamentos e amores ilícitos, ganhar dinheiro em negociatas e outras misérias muito próprias ainda de nossos irmãos de todas as raças e castas que enxameiam esses ambientes geralmente localizadas em lugares menos acessíveis, qual esconderijos ou malocas de fugitivos. Ambientes de grande frequência, onde se observam desde pessoas modestamente vestidas até grã-finos, com seus cadillacs e vestimentas luxuosas. Assim, de acordo com a capacidade e categoria dos consulentes, os preços da consulta variam de 10 até mil cruzeiros, e os "trabalhos" e "despachos" de 500 até a soma astronômica de 50 mil cruzeiros. As bebidas, os punhais e a pólvora fazem parte do ritual bárbaro dessas práticas cuja existência se deve única e exclusivamente à maldade que reina no coração do homem, principal e particularmente daqueles que no seio da sociedade

são tidos como elementos de destaque, na política, no comércio, na indústria e da grã-finagem parasitária que infesta este mundo de provas e de provação.

3. A tais práticas o vulgo denomina de Espiritismo e de Umbanda! Mas a maioria sabe perfeitamente que as práticas espíritas e umbandistas são de sentido religioso e iluminativo da alma, imperando nelas a Caridade sob todas as formas: espiritual e material. Tudo que se recebe através dos mensageiros da Seara do Mestre Jesus, de graça se dá a todos quantos entram nesses verdadeiros Templos de Luz e de Caridade, verdadeiras escolas de reforma, moral e espiritual. Mas, a seu tempo o chamado e inexorável CHOQUE DE RETORNO voltará à sua origem, isto é, àqueles que foram ao Pai de Santo para fazer o despacho, é nessa altura, então, correm para os Templos de Fé em busca de curar as suas mazelas, mas nem sempre conseguem o seu intento – pois que a Lei é também inexorável para todos: – "A CADA UM SEGUNDO AS SUAS OBRAS".

Para demonstrarmos que não há exagero em nossas afirmativas, quando as chamadas práticas do Africanismo ou Candomblé, as quais o vulgo também denomina de MACUMBA, e pejorativamente também alcunham de tal a UMBANDA; – vejamos o que diz o antropologista Dr. Nina Rodrigues em seu livro *O animismo fetichista dos negros baianos*, edição da Biblioteca de Divulgação Científica, 1935:

Como indica a denominação de **dar de comer ao santo**, a festa consiste essencialmente na prática de sacrifícios. Entre os negros baianos, como entre os seus ascendentes de Guiné, o sacrifício chegou a essa fase do seu aperfeiçoamento ou evolução em que, instigado pelo desejo de fazer economias, o crente substitui o todo pela parte. Isto é, destina-se ao Santo o sangue ou uma parte das vísceras dos animais servido aos donos da festa e seus convidados. Nos candomblés baianos, o sacrifício varia segundo os recursos do crente e as exigências do ritual, desde boi, uma cabra, um carneiro, até galinha e pombo. Com em todos os sacrifícios, o sangue, na sua qualidade de veículo ou elemento essencial da vida, tem para os Santos negros particular estima e preferência.

O animal é conduzido a um lugar de eleição, junto de certas árvores sagradas, ou mesmo no recinto do santuário, e aí é sangrado pelo Agosum ou sacerdote sacrificador, que deixa correr sobre o fetiche o sangue, que é recebido abaixo em vasos especiais. Retira-se então o animal para ser esfolado e aberto. Vem por sua vez o pai ou a mãe do terreiro e de cada parte do animal ou de certas vísceras separa um pequeno pedaço, destinado aos alimentos especiais do Santo. Com estas partes de escolha, fazem-se bifes, moquecas ou guisados, vatapás, ou carurus, que são colocados em pratos ou outros vasos junto ao altar do Santo, ou próximo da árvore onde foi feito o sacrifício. Assim em torno ou em frente do altar (peji) dos fetiches alinham-se os vãos contendo sangue, pratos de comidas, tigelas com acaçás batidos e quartinhas com água. Quase sempre quando o fetiche é de pedra, retiram-no do lugar em que está colocado no altar e deitam-no de imersão, dentro da tigela que contém o sangue, sobre fios de contas e outros objetos considerados sagrados.

Compete-nos, ainda, fazer um confronto da Umbanda com o Espiritismo. Para tanto buscamos o depoimento das obras doutrinárias do seu Codificador Allan Kardec, em *Obras Póstumas*, onde se lê:

> O Espiritismo é uma doutrina filosófica de efeitos religiosos, como qualquer filosofia espiritualista, pelo que forçosamente vai ter às bases fundamentais de todas as religiões: Deus, a alma e a vida futura.
> Mas não é uma religião constituída, visto que não tem culto, nem rito, nem templos e que, entre seus adeptos, nenhum tomou, nem recebeu o título de Sacerdote ou Sumo Sacerdote.

Acrescenta ainda, para melhor definição:

> No Espiritismo, a questão dos Espíritos é secundária e consecutiva; não constitui o ponto de partida. Esse precisamente o erro em que caem muitos adeptos e que, amiúde, os leva a insucessos com certas pessoas.

Com muita precisão e lógica Kardec aponta os erros que poderão advir na classificação do Espiritualismo, pois se a questão dos Espíritos é secundária, e o disse com razão, – AUTORIDADE E BOM SENSO, pois assim como baixam ou se invocam Espíritos no Africanismo chamado Candomblé ou Kimbanda, poderão ser invocados por qualquer pessoa, sem entretanto prever as consequências que possam advir. Se, pois, o Espiritismo tem suas leis, seu corpo doutrinário, sua orientação própria, é mais do que justo que essas leis e essa orientação doutrinária sejam respeitadas, particularizando aqui o que concerne à evocação de Espíritos.

Trazemos, ainda, o testemunho do Dr. Bezerra de Menezes:

> A evocação de espíritos não constitui o Espiritismo, não passa de um fenômeno insignificante, em relação aos princípios da doutrina.

Perfeitamente constatadas as práticas do Espiritismo, doutrina sem culto, sem ritual, sem liturgia, onde as manifestações dos Espíritos não passam de um fenômeno secundário – ante o seu corpo de doutrina que exige a reforma moral de seus adeptos, sua transformação para melhor e consequente progresso espiritual pelo esforço iluminativo e individual de cada um. Convenhamos, pois, que a Umbanda com suas práticas espirituais e de fundo religioso, com seu ritual próprio, sua liturgia onde entram também imagens de Espíritos canonizados pelo Catolicismo, com orientação dada pela Espiritualidade, com fundo caritativo, – não tem as mesmas práticas do Espiritismo. Igualmente não se deve confundir as práticas do Africanismo, Candomblé ou Kimbanda que, muito embora tenham ritual e liturgia um tanto semelhante à Umbanda, são, entretanto, práticas de sentido diametralmente oposto.

Pelo exposto, definimos sinteticamente e com elementos básicos que:

1. O Africanismo ou Candomblé (Macumba como é chamada), nada tem de semelhante com as práticas espirituais de Umbanda. Africanismo são práticas materializadas, sem fundo religioso ou espiritual, sem objetivo educativo, nem caritativo, nem iluminativo.

2. O Espiritismo, Corpo de Doutrina Codificada por Allan Kardec, não pode nem deve confundido com Umbanda ou outras correntes religiosas e filosóficas, porque o Espiritismo tem um Corpo de Doutrina que se basta a si mesmo; muito pelo contrário, o Espiritismo poderá fornecer como está fornecendo à própria Umbanda, elementos para elucidação dos fenômenos mediúnicos, e suas consequências doutrinárias.
3. A Umbanda é um movimento dirigido pela Espiritualidade, possui todas as características de uma RELIGIÃO SEM DOGMAS, porque não tem Papas nem Sacerdotes, nem trabalhadores (médiuns ou não) assalariados. Como religião essencialmente espiritual – a Umbanda possui seu ritual próprio orientado pela Espiritualidade, sua finalidade e objetivos estão claramente definidos em sua bandeira que é a CARIDADE: socorrendo indistintamente a todos os encarnados, sejam quais forem suas crenças – "DANDO DE GRAÇA O QUE DE GRAÇA RECEBE" COMO ENSINA O EVANGELHO DE JESUS.

E para encerrar, permitam-me irmãos, que vos saúde dentro do ritual umbandista dizendo:

Saravá Nosso Pai Oxalá!
Saravá Caboclo Tupinambá!
Saravá a Umbanda!

OBS. José Alvares Pessoa era sócio fundador da LBV, matrícula nº 3.

O SEGUNDO MILAGRE DE YEMANJÁ

José Alvares Pessoa

Jornal de Umbanda, n. 63/64, fevereiro/março de 1956

A Igreja Católica Apostólica Romana não se conforma com a avassaladora propagação, em todo pais e principalmente no Rio de Janeiro, do culto de Yemanjá, a soberana dos mares, a senhora do mundo e a rainha do Cosmos.

E, pela segunda vez, julgando-se detentora máxima do poder, resolveu, nos fins do ano passado, tentar acabar com o ritual que no dia 31 de dezembro, à meia noite, os devotos umbandistas vêm realizando há vários anos nas praias, para prestar homenagem à dona dos mares e receber suas benções e suas graças e assim entrar bem o ano novo.

Com esse objetivo, o Cardeal Jaime Câmara e o seu coadjutor Arcebispo Helder Câmara determinaram que se realizasse no dia 31 de dezembro uma procissão-monstro, que deveria sair do Hotel Leblon e, percorrendo todas as praias da zona sul, terminaria no Russel, onde armado, à custa do dinheiro do povo, esbanjando nababescamente pelas autoridades civis, se achava o altar onde seria realizada uma pomposa missa, acompanhada de foguetes, fogos de artificio etc.

A coisa foi trombeteada em todos os jornais, sendo convocados para o seu acompanhamento todos os cidadãos do Distrito Federal e do Estado do Rio e obrigados a tomar parte, por ordem superior, os garbosos componentes do esquadrão dos Dragões da Independência e os valorosos soldados da Polícia Militar.

Tudo muito pomposo, muito reluzente, muito *chic*.

Mas, não se tratava como, era apregoado, de encerrar-se o ano Eucarístico, com uma homenagem à Senhora de Fátima, que no andor, seria levada até o Russel.

Cavilosamente, como é do seu hábito, os padres da Igreja de Roma só tinham um objetivo: prejudicar as festas de Yemanjá.

Estava na cara, como se diz na gíria carioca. Os próprios indiferentes comentavam o caso.

Os padres católicos nunca festejaram com manifesta-

ções religiosas públicas a passagem do Ano Novo. Nem aqui no Brasil, nesses seus 400 anos de existência depois da descoberta, nem da Europa, nem em qualquer parte do mundo se tem notícia de que a Igreja de Roma tenha promovido um ritual religioso em tão grande dia.

No Natal, sim. É tradição dos padres católicos a missa do galo, realizada à meia noite nas igrejas, e nas cidades do interior em praça pública, essas chamadas missas campais.

Tomando conhecimento do assunto, os umbandistas preparam-se para mostrar aos reverendíssimos que estariam a postos para o cumprimento do seu ritual, COMO DE FATO ACONTECEU, não se misturando de modo algum aos devotos da Igreja que naturalmente iriam acompanhar a procissão.

Consideraram o caso como uma verdadeira provocação. Mas a resposta seria dada nas praias com as invocações à doce Mãe de Umbanda.

Mas quem dispõe do poder na terra não deve desafiar o poder dos Céus!

Yemanjá – que é a representação material na terra da energia divina em movimento, a senhora absoluta dos elementos – vendo a malícia que se aninhava no coração dos padres de Roma, resolveu mostrar-lhes que se eles propõem, Ela é quem dispõe. A última palavra é Sua e Ela, que é toda misericórdia e bondade para com os humildes, castiga sem pena os que, orgulhosos, se imaginam alguma coisa.

O dia 31 de dezembro amanheceu até bonito. Parecia que os homens de Roma iam ter uma linda festa e que, com o poderio de que dispõem e com o dinheiro do povo que lhe tinha sido dado de mãos beijadas, **abafariam**, humilhando os pequenos umbandistas, que, pensavam eles, ficariam às moscas nas praias.

À tarde caiu um terrível temporal. Mas logo, como chuva de verão, amainou: o céu ficou azul. Veio à noite. E às dez horas, mais ou menos, justamente à hora em que os devotos católicos se dirigiam para o local aprazado, congestionando o tráfego da zona sul, para atender ao convite, tão repetidas vezes trombeteado pelos jornais, começou a cair uma chuvinha impertinente, miudinha, que foi engrossando, até tornar-se torrencial lá para as onze horas e assim permanecendo por toda a madrugada do dia 1 de janeiro.

A procissão ainda chegou a arregimentar-se e a pôr-se em movimento, mas, **não havia devoção que resistisse à chuva no lombo** e como **enterro de pobre** o carro que conduzia o andor da Senhora de Fátima **seguiu só o seu melancólico roteiro,** acompanhado apenas pelos "Dragões da Independência", e esses mesmos tiveram que dispersar-se, refugiando o andor noutras bandas, porque à Praia do Russel, ONDE NÃO HOUVE MISSA NEM NADA, não chegou.

Yemanjá fez pela segunda vez o seu milagre, mostrando aos orgulhosos homens de Roma que eles são pó e nada mais.

As chuvas rolaram. Como em dezembro de 1954, quando o Cardeal Câmara se lembrou de, pela primeira vez, desafiar Yemanjá, tentando empanar o brilho de suas festas com uma missa no dia 31 no aterro da chamada Praça do Congresso.

E as chuvas rolaram e rolarão sempre até que a malícia se afogue no coração dos homens maus que não tem sentimento de fraternidade, que são egoístas e intolerantes e não querem respeitar o modo porque os outros adoram a Deus. **E as chuvas rolando não prejudicam o ritual dos umbandistas, que é feito dentro da água**.

Que não se esqueçam os arcebispos Câmara – Jaime e Helder – que Yemanjá é a senhora das águas e as fará rolar, ou para transformar em tremendal uma praça, como a do Congresso em 1954, ou para afogar os ímpios que se atrevam a desafiar a sua força...

PROTESTO DE UMBANDA CONTRA AS PALAVRAS DE DOM JAIME

O Semanário, n. 42, 17 de janeiro de 1957

Os adeptos da Umbanda celebram a entrada do Ano Novo, realizando nas praias do Rio de Janeiro homenagens a Yemanjá, que naquele culto religioso simboliza a Energia Eterna. Fazem-no de longa data. No tempo da ditadura, a fim de evitar as perseguições policiais que se desencadeavam contra eles, procuravam sítios remotos do litoral carioca, para as manifestações de sua fé.

Com o restabelecimento da legalidade democrática e escudados com justa razão no princípio constitucional que estabelece e garante, em toda sua plenitude, a liberdade de cultos, passaram a fazê-lo livres e sem constrangimento, nos locais de acesso mais fácil aos fiéis. Assim, de Ramos ao Leblon – como, de outro lado da baía, na faixa litorânea de Niterói – as praias do Rio enxameiam, na noite de 31 de dezembro, de velas acesas pelos umbandistas em honra daquela que para eles simboliza as fontes da própria vida universal. Multidões de adeptos, conforme registramos em nosso número do dia três, afluem às areias do Flamengo, de Copacabana, de Ipanema, do Leblon, lançando ao mar oferendas para Yemanjá, geralmente flores. Tudo se processa na mais perfeita ordem, tendo mesmo se constituído o magnificente espetáculo em uma das atrações turísticas da Capital da República.

A alta hierarquia eclesiástica não o vê, entretanto, com bons olhos. A princípio, limitou-se fazer procissões desfilarem pelas praias da Zona Sul à mesma hora em que se celebrava o culto da deusa, e a atrair a população católica para missas à meia noite, no Arpoador. Agora, porem, ou porque a festividade umbandista se tenha tornado um centro de interesse maior para o carioca – e para isso, talvez, influa o sincretismo religioso que caracteriza a nossa gente – ou porque os métodos pacíficos de persuasão não tenham obtido resultado, a alta hierarquia eclesiástica passou da guerra fria à guerra *tout court* [10] contra Yemanjá. No programa *A Voz do Pastor*, o Cardeal Dom Jaime Câmara proferiu violenta apostrofe contra a Umbanda, pedindo às autoridades, contra esta, uma ação policial preventiva ou repressiva, que, bem orientada, disse ele, "deve ser aplaudida".

Somos um jornal do povo. Como tal, não temos *parti-pris*[11] religioso. Respeitamos todas as religiões, todos os cultos, mesmo porque sem liberdade de cultos não há, nem pode haver democracia. Fomos contra as perseguições de Hitler aos católicos e judeus da Alemanha, como, hoje somos contra quaisquer perseguições desse caráter, não só as que comu-

[10] Simplesmente (Nota de Diamantino Fernandes Trindade).

[11] Impressão pré-concebida (Nota de Diamantino Fernandes Trindade).

mente se verificam nos países por trás da Cortina de Ferro como as que Franco e o Cardeal Segura movem aos protestantes espanhóis.

A tolerância, a nosso ver, é o apanágio de todo sentimento religioso sincero. Onde ela não existe, não pode existir amor verdadeiro do Criador, nem se pode falar, sem hipocrisia, em caridade. Além do mais, afigura-nos extremamente perigoso o incitamento a perseguições policiais que naturalmente provocarão represálias, ateando o incêndio de lutas religiosas sem qualquer sentido neste século, muito menos no Brasil, cujo povo, pela sua índole altruística, repele qualquer espécie de fanatismo. Não comentamos esse erro, que pode ser de funestas consequências. Amemos o Cristo, amando suas criaturas tais como são na sua singeleza, na sua humildade até nos seus pecados. Cada qual tem o direito de adorar a Deus conforme lhe ditem o coração e a consciência.

O *jongleur*[12] de Anatole France expressava o seu amor pela Virgem Maria, fazendo malabarismos diante do seu altar. Era a sua oferenda à Santa, a sua forma de venerá-la. Os que o ridicularizavam ou o acusavam de profanação talvez não possuíssem uma onça[13] sequer de sua imensa fé.

Não preguemos, pois, guerras santas, que de santas só tem o nome. Saibamos respeitar as crenças alheias.

Dentro desse critério de compreensão, não temos dúvida em abrigar em nossas colunas a Carta Aberta que o Senhor José Alvares Pessoa, presidente da Tenda Espírita São Jerônimo, desta capital, – trata-se de um homem de bem a toda prova, conhecidíssimo no Rio de Janeiro por seu espírito caritativo e humanitário e também por sua ilustração – dirigiu ao Cardeal Arcebispo dom Jaime Câmara, em defesa do culto que professa.

---

[12] Malabarista.

[13] Uma onça equivale a 28,349523125 gramas (Nota de Diamantino Fernandes Trindade).

UM PROTESTO ECOA EM TODA A UMBANDA

Jornal de Umbanda, n. 66, fevereiro/março de 1957

Abrimos as colunas do *Jornal de Umbanda* para abrigar uma mensagem que, pela relevância e pelo seu conteúdo, além de marcar o desassombro do seu autor servirá de estímulo aos umbandistas ainda de andar trôpego e de pernas bambas quando ouvem ao longe o ranger de dentes de nossos inimigos.

Falar do signatários da carta que aqui vamos reproduzir[14] seria preciso citar toda uma vida de atividade em prol da Umbanda, da sua luta contra as incompreensões, de seu desassombro e isto ocuparia todas as páginas do nosso órgão. No entanto, para quem não conhece o Capitão Pessoa – Presidente da Tenda Espírita São Jerônimo – dizemos apenas que ele é um General de Umbanda, um comandante íntegro e capaz e que pela sua formação moral não mede esforços nem limita sacrifícios quando tem que se basear pela causa umbandista.

Merecem ainda os maiores encômios os nossos colegas de *O Semanário* – que souberam tão bem interpretar o sentimento da grande massa umbandista, que acorre às praias na noite de 31 de dezembro, para render seu culto a Yemanjá, render-lhe graças e suplicar-lhe forças. Tal a altivez e elegância das palavras contidas no introito a carta do nosso irmão Pessoa, que não poderíamos ao reproduzir em nossas páginas tão importante trabalho, deixar de render nossas homenagens ao grande órgão da imprensa carioca.

Ao Cardeal Arcebispo do Rio de Janeiro era preciso que alguém dissesse a verdade acerca do culto umbandista a Yemanjá para que ele não pense que se resolve questão de fé como se fora um caso de polícia. Era preciso que alguém dissesse que nossas autoridades, com sua maioridade em questão de ordem pública, tem a sua frente homens de envergadura moral que jamais se deixarão levar pelas insinuações alheias e não serão forçados a agir para satisfazer apetites de quem quer seja, ainda mais quando essa vontade revela desrespeito ao Direito e à Justiça.

[14] A carta está reproduzida no próximo capítulo (Nota de Diamantino Fernandes Trindade).

O CARDEAL DECLAROU GUERRA À YEMANJÁ

O Semanário, n. 45, 7 de fevereiro de 1957

Publicamos na nossa edição de 17 de janeiro a carta aberta que o Senhor José Alvares Pessoa, presidente da Tenda Espírita São Jerônimo, endereçou ao Cardeal Dom Jaime Câmara, em resposta a palavras proferidas pelo Arcebispo do Rio de Janeiro no programa radiofônico *A Voz do Pastor*, sobre a homenagem prestada a Yemanjá pelos umbandistas cariocas, na noite de 31 de dezembro.

Desta capital e outros pontos do país, recebemos numerosos pedidos de remessa de exemplares da referida edição, subscrita por pessoas interessadas na leitura deste documento. Impossibilitados de atendê-los, por se haver esgotado completamente a nossa edição de 17 de janeiro, mas desejamos, ao mesmo tempo, de satisfazer à solicitação dos nossos missivistas, reproduzimos hoje, o texto integral da carta do presidente da Tenda São Jerônimo ao Cardeal Jaime.

Carta aberta do Presidente da Tenda Espírita São Jerônimo ao Cardeal Dom Jaime Câmara

Tenho em minhas mãos o recorte de *O Jornal*, de cinco do corrente, que transcreve alocução do Cardeal Dom Jaime Câmara, no programa *A Voz do Pastor*, na qual este padre da Igreja Católica adverte às autoridades policiais do Rio de Janeiro, a que nós, umbandistas, prestamos nas praias à divina Yemanjá, na noite de 31 de dezembro, que lhe é tradicionalmente consagrada, e incita-as ao desrespeito à Constituição, que garante a liberdade de cultos.

A vista de tão grave acontecimento resolvi dirigir ao Cardeal Câmara algumas palavras de protesto contra a clamorosa injustiça que cometeu contra as nossas autoridades, sempre tão ciosas no cumprimento do seu dever e não "displicentes e inoperantes", como as classificou; contra as falsidades que se contem na informação que lhe prestaram sobre a realização das brilhantíssimas homenagens a Yemanjá; e também de advertência.

Diz o Cardeal Câmara:

"Testemunhas oculares nos afirmaram que o tal "culto" a Yemanjá provocou muita embriaguez. Até meninas de 12 anos tomaram parte em grupos que passavam copos de cachaça de boca em boca, além de, com tão pouca idade, fumarem grandes charutos que as deixavam tontas. Que em tais condições, caíssem em transe... quem admira?"

O trecho demonstra: 1°) Absoluta ignorância do ritual umbandista nas festas de Yemanjá e, portanto, falsidade do informante; 2°) Uma perspicácia de má fé do Cardeal Câmara que taxativamente declarou que *as meninas que tomaram parte nos festejos tinham 12 anos*. Que precisão!

Quanto ao primeiro ponto: no ritual de Umbanda, quando se festeja Yemanjá, que para nós representa a Energia Divina, só se usa água do mar (que ninguém bebe) e champanhe, que se derrama em homenagem à divindade. Não há bebidas, nem comidas, nas festas de Yemanjá, Cardeal Câmara, e o seu informante não tem a mínima capacidade de observação ou é de uma má fé total. Tem olhos e não sabe ver.

Segundo: nas sessões de Umbanda, não é permitida a entrada de menores. Se algumas meninas de 12 anos compareceram às praias na noite de 31 de dezembro, os umbandistas nada tem a ver com isso, sendo responsáveis apenas os pais das referidas menores.

Essas meninas fumavam grandes charutos, ficavam tontas e caiam em transe, diz o Cardeal Câmara, compungido. Esta declaração faz rir qualquer umbandista. Nenhum médium em Umbanda, e entre eles não há menores de 18 anos, fuma antes de cair em transe. Só quando se está em transe é que se fuma em Umbanda, Cardeal Câmara. É um fenômeno admirável – homens e mulheres que no seu natural tem horror ao fumo, em transe fumam vários charutos sem que por eles sejam afetados!

Vejam só quanta informação falsa e tendenciosa...

Reconheço Cardeal Câmara, que há um motivo, que deve ser dolorosíssimo, para tanto despeito. Pela terceira vez, em três anos seguidos, os padres da Igreja de Roma tentaram esmaecer o brilho dos festejos de Yemanjá na noite de 31 de dezembro, procurando, por meio de uma inovação provocatória e desleal, realizar missas e procissões à mesma hora em que realizamos o nosso tradicional ritual. Não é da tradição da Igreja Católica, nem nunca foi e o Cardeal Câmara não poderá provar em contrário, rezar missas e fazer procissões na noite de 31 de dezembro. Para castigo do Cardeal e por milagre de Yemanjá, as missas e as procissões tentadas três vezes, nesses últimos três anos, não tiveram o mínimo êxito, como é de domínio público.

Agora, vamos à advertência que quero fazer e faço ao Cardeal Câmara:

Diz o Eclesiastes que "aquele que transporta pedras será maltratado por elas" (Ec. X. 9)

Não procure, por qualquer meio, Cardeal Câmara, acender uma luta religiosa no Brasil. O senhor e os seus subordinados só terão a perder com isso. Não é nenhuma novidade que os senhores da Igreja de Roma perdem terreno, dia a dia. E o perdem por inércia, por ganância, por orgulho, por falta de caridade e de sentimento cristão.

O povo de hoje, apesar de ainda ser muito pouco alfabetizado, tem uma rara acuidade, observa tudo e tira conclusões lógicas de muita coisa. Está cansado de ser explorado pela Santa Madre Igreja, que não dá nada e leva o que pode. Os padres da Igreja não realizam um só sacramento de graça. Se o pobre tiver dinheiro, os seus filhos serão batizados, suas filhas se casarão na Igreja, os seus defuntos terão a encomendação da alma etc. Mas se o dinheirinho tão magro que nem dá para o sustento de cada dia, não aparecer, que o menino morra pagão, que a mocinha se amasie e que o defunto... vá para o inferno! É esta a prática diária da igreja.

Cardeal Câmara, enquanto o senhor veste púrpura cardinalícia, que custa milhares de cruzeiros, e celebra o ritual da Igreja com paramento de riquíssimas rendas e brocados de ouro, com os pés bem calçados em sapatos feitos à mão, gastando na pompa ritualística e no seu bem estar pessoal dinheiro que encheria a barriga de milhares de representantes da "gentinha" (como o senhor classifica os brasileiros humildes na sua *A Voz do Pastor*), essa mesma "gentinha" e mais os grã-finos que andam de Cadillac cansados todos de abrir a bolsa para saciar a voracidade dos padres católicos, recorrem sofregamente aos terreiros de Umbanda, onde se pratica a pura e verdadeira caridade cristã, de graça, como nos tempos de Pedro e Paulo. Porque Cardeal Câmara, nas humildes Tendas de Umbanda, todos os que buscam alivio para os seus males espirituais, morais e materiais, são atendidos, *sem pagar um vintém*, por abnegadas criaturas, que vivem do seu trabalho honesto e que, abdicando do direito que tem de descansar, ficam noite a fio trabalhando pela felicidade dos seus semelhantes.

Não pense Cardeal Câmara, que as suas palavras no programa *A Voz do Pastor* poderão desmoralizar a Umbanda. As suas palavras, que não tem mais eco talvez, tivessem tido algum resultado há 40 anos passados. Mas, hoje quando milhares e milhares de pessoas (e entre essas se contam católicos aos milhares) acorrem diariamente às Tendas umbandistas, e ali são recebidas, sem se levar em conta a que religião pertencem, se tem ou não dinheiro, se são ou não "gentinha", se andam ou não de Cadillac, e ali são atendidas uma a uma com a maior paciência e caridade cristã, as suas palavras são como as sementes daquele semeador, de que falava o doce Nazareno, que caíram ao longo do caminho e vieram as aves do Céu e comeram-nas. Não são levadas em conta, porque todos os que conhecem a Umbanda (são centenas de milhares) sabem que não representam a verdade.

O povo, Cardeal Câmara – e por povo quero dizer o grã-fino e a "gentinha" de que o senhor fala – está sofrendo e todo aquele que sofre procura o lugar onde sabe que receberá o alívio e o conforto. A Igreja Católica – que é essencialmente política e de que espiritual só tem a fama – não conforta nem dá alívio a ninguém. É tirânica, ávida de poder temporal, avarenta, acumuladora de tesouros que não reparte com os pobres. Não segue, há muitos séculos, os ensinamentos do Cristo, tão doce, tão humilde, com seus pés descalços e a sua roupa de pano grosseiro. A Igreja perde pé dia a dia e fatalmente soçobrará.

Esta é a advertência que desejei fazer-lhe e que lhe faço, Cardeal Câmara, pedindo ao doce Nazareno, a quem tanto amo, que faça descer a sua paz sobre seu espírito conturbado.

CARTA ABERTA AO SENHOR JOSÉ ALVARES PESSOA

Em resposta a que saiu publicada na seção "A Pedidos" do *Jornal do Comércio*

A Cruz (RJ), n. 2084, 17 de fevereiro de 1957

Quero deixar bem claro, de início, que não tenho procuração de Sua Eminência o Sr. Cardeal Arcebispo do Rio de Janeiro, Dom Jaime de Barros Câmara, para defendê-lo, nem tão pouco venho propriamente fazer-lhe a defesa porque não necessita Sua Eminência defender-se de tolices tão grandes como as acusações e advertências de um Chefe de Tenda Espírita que, se não ignorante em matéria de religião, está agindo de má fé.

O Sr. José Alvares Pessoa cuja nota de *O Semanário* garante ser um homem de bem a toda prova, conhecidíssimo no Rio de Janeiro por seu espírito caritativo e humanitário e também por sua ilustração dividiu sua carta aberta em três tópicos: 1°) Protesto contra o que diz ele ser clamorosa injustiça às nossas autoridades; 2°) Protesto contra as falsidades nas informações do culto; 3°) Uma advertência.

Quanto ao primeiro tópico desnecessário será qualquer esclarecimento, pois nossas autoridades sabem muito bem que ninguém as prestigia melhor do que a Igreja e não deram nem darão ouvidos à tentativa do Sr. José Alvares Pessoa de incompatibilizá-las com o Sr. Cardeal Arcebispo. Perdeu seu tempo o digno Presidente da Tenda Espírita São Jerônimo.

Quanto ao segundo tópico há de convir o "caritativo e humanitário" missivista que as informações não foram tão falsas assim, pois a presença de menores não é negada. Apenas se desculpa o umbandista dizendo que, se crianças havia no tal culto, aos pais deve incriminar porque as levaram por própria conta e risco. Também não nega o uso de bebidas alcoólicas, dizendo que não se bebe cachaça, mas que a champanhe é derramada em homenagem à divindade marinha.

Quanto ao fato dos charutos o Sr. José Alvares Pessoa que as informações de quem assistiu, fazem rir. O que faz rir são as seguintes palavras de umbandista: "Nenhum médium em Umbanda, e entre eles não há menores de 18 anos, fuma antes de cair em transe. Só quando se está em transe é que se fuma em Umbanda. Cardeal Câmara, é um fenômeno admirável – homens e mulheres, que no seu natural tem horror ao fumo, em transe fumam vários charutos sem que por ele sejam afetados".

De fato, é um verdadeiro milagre de Yemanjá! E dispensa qualquer comentário. Por esta e outras práticas do Espiritismo, do macumbismo e outras religiões exóticas, é que se acham lotadíssimos os hospícios e as casas de descanso para doentes mentais.

Vamos ao terceiro tópico. Como sempre são aqueles mesmos argumentos acirrados inimigos da Igreja que o Sr. José Alvares Pessoa usa em sua advertência. Mas também com poucas palavras podem-se desmascarar as mentiras, as vergonhosas mentiras do "homem de bem a toda prova". Prestará um grande serviço à Igreja o Sr. José Alvares Pessoa se disser em que a Igreja ou qual o sacerdote que por não lhe terem pagado os sacramentos o menino morreu pagão, a mocinha se amasiou e a alma do defunto foi para o inferno. Diga-nos, por favor, caríssimo Chefe da Tenda Espírita São Jerônimo. Não deve ser difícil descobrir isso, uma vez que isso é uma prática diária da Igreja.

Diz ainda o honrado Sr. José Alvares Pessoa: "não é nenhuma novidade que os senhores da Igreja de Roma perdem terreno, dia a dia". Está muito enganado o distinto informante. Para nós é uma grande novidade. É uma revelação estarrecedora! Urge providenciar para evitar-se a falência de 20 séculos de lutas e vitórias, de perseguições, martírios e glórias, pois vaticinou o nosso estimado umbandista que a Igreja Católica "fatalmente soçobrará". Pobre de Nosso Senhor Jesus Cristo quando pensou que a Igreja dele ficaria até a consumação dos séculos e que jamais as portas do inferno haveriam de prevalecer contra ela! Paciência, pois o ilustre Sr. José Alvares Pessoa, como afirma nota de *O Semanário* é pessoa de "muita ilustração". O tempo dirá quem está com a razão: se o Sr. José, Chefe da Tenda Espírita São Jerônimo ou se Nosso Senhor Jesus Cristo, o fundador da Igreja Católica Apostólica Romana. Aguardemos.

Mas, no final das contas, temos a agradecer ao Sr. José Alvares Pessoa que nos possibilitou ver e sentir como anda este nosso Brasil em matéria de honestidade e boa-fé. Cartas abertas como esta têm o valor de situar as coisas em seus devidos lugares e mostrar como são os homens. Muito obrigado, portanto, Sr. José Alvares Pessoa, DD. Presidente da Tenda Espírita São Jerônimo. Gratos.

Como não acredito em Yemanjá (e estou certo de que o Sr. também não) prefiro pedir ao único Deus que o ilumine e o faça sempre "caritativo e humanitário". E que em seu coração de bom brasileiro, ao invés de Yemanjá, a deusa da Energia Eterna, passe a reinar Nossa Senhora da Conceição Aparecida, Padroeira e Rainha do Brasil.

Seu amigo,
Antônio Maia
Secretário da Confederação
Nacional das Congregações Marianas do Brasil

UMBANDA, A MAGIA E OS SEUS MISTÉRIOS

José Alvares Pessoa

O Semanário, n. 66, 11 de julho de 1957

A magia é um tema que me fascina e sobre o qual resolvi tecer algumas considerações. Considerações ligeiras, porque mesmo que eu dispusesse das vinte e quatro horas do dia para discorrer sobre matéria tão relevante não a esgotaria.

Antes de tudo: o que é magia?

Para os letrados do século em que vivemos é superstição grosseira, ignorância e exploração da credibilidade humana.

Mas, nós que lidamos com a magia que a realizamos, que vemos os seus milagres diários, sabemos que magia é a ciência da vida e da morte, é a ciência do bem e do mal, é a arte magna que nivela o homem aos deuses.

A magia, segundo o sábio Adolfo Weiss, que a estuda à luz das ciências oficiais, revela-se irmã maior da moderna física dos raios e seu domínio é aquele mundo conhecido ou material e o do éter, sobre o qual apenas se podem fazer conjeturas.

E acrescenta aquele ilustre sábio, a magia é, portanto,

uma ciência dos fluidos, que constituem um ramo conhecidíssimo das ciências naturais.

O que fazemos nós em Umbanda? Aproveitamos por processos de magia os fluidos, que a ciência reconhece e que enchem o espaço que nos rodeia para aplicá-los em benefício da humanidade sofredora.

E de que meio nos valemos para a aplicação desses fluidos?

Todos nós que frequentamos as Tendas de Umbanda, sabemos como se realizam as suas sessões de magia e como chamamos os nossos Guias, que manejam esses fluidos com sua incomparável maestria.

Realizando a difícil tarefa de impor-se num meio em que certa maioria lhe é hostil, Umbanda revive em pleno século XX os milagres da magia eterna que durante quase dois mil anos o poder da Igreja de Roma procurou esmagar e que, apesar da luta sem tréguas floresceu sempre, ora em uma, ora em outra parte, sob o mais rigoroso sigilo em meio fechado e só acessível a iniciados.

Hoje a grande magia é feita às claras e o reconhecimento dos direitos do homem e a liberdade que a este é assegurada pelo domínio da liberal democracia dão a Umbanda a oportunidade de aparecer, realizando na sua humildade incomparável, a missão de defender os que a buscam dos temíveis efeitos da magia negra que pelos mesmos motivos, também é hoje é praticada às claras.

A magia é quem move o mundo. É a grande força invencível que pode ser manejada para o bem ou para o mal. É uma força viva, como a eletricidade ou a energia atômica, da qual só duvidam os que não querem ter o trabalho de raciocinar um pouco.

"A magia – diz Eliphas Levy – encerra, em uma mesma essência, o que a filosofia pode ter de mais certo e o que tem a religião de infalível e do eterno. Ela concilia perfeita e incontestavelmente estes dois termos que à primeira vista parecem tão opostos: fé e razão, ciência e crença, autoridade e liberdade. Ela dá ao espírito humano um instrumento de certeza filosófica e religiosa exato como os matemáticos e corroborando a infalibilidade das próprias matemáticas. A alta ciência, a ciência absoluta é a magia".

E é esta força viva, esta "ciência absoluta" que Umbanda maneja magistralmente, através dos seus poderosos guias, por intermédio dos humildes instrumentos dos terreiros – os nossos irmãos médiuns, que com o mais absoluto espírito de sacrifício tudo deixam para prestar o auxílio que lhes é pedido. Mas, não há sacrifício sem compensação; a infinita misericórdia divina se derrama sobre os que chamados, acorrem ao apelo, sem restrições proporcionando o bem aos que humildemente procuram os terreiros de Umbanda.

A bondade divina aplica as dificuldades e remove os obstáculos do caminho dos que ajudam aos seus semelhantes. E aquele que de oração se dedica ao serviço do bem nada falta porque Deus é opulência, Deus é o dono de tudo, das riquezas, da saúde, da felicidade, da alegria, que fartamente, distribui aos que o servem com dedicação e sem um instante duvidar de sua magnanimidade.

A Umbanda, que é, como magia, o instrumento por excelência de que o Rei do Mundo se serve para resolver os problemas dos seus devotos, não se acolhe em templos sublimes cobertos de ouro e pedrarias para a realização dos seus ritos simples e algumas vezes altamente complexos, com que promove o bem estar e a felicidade dos que a buscam. O "terreiro" é o seu humilde templo. E "terreiro" significa "espaço de terra", "largo ao ar livre" e ainda mais simplesmente "terra".

"A mãe terra é o primeiro, o melhor, o único templo", diz Roso de Luna, o grande teósofo espanhol. E acrescenta: "De suas entranhas imortais saímos antes mesmo de existirmos para a vida física como simples gérmen, e a seu casto regaço voltaremos quando ressoar ao nosso ouvido, já cerrado às grosseiras vibrações do mundo exterior, a chamada para a eternidade com aquelas palavras o Mestre: "Teu caminho de espinhos terminou por enquanto; para, pois oh! Lanu – oh! fiel discípulo, a recolher o fruto de tuas dores e de teus anseios".

E na humildade dos terreiros acolhedores vai-se realizando silenciosamente a obra maravilhosa de bondade cristã que cura os enfermos do corpo e da alma, alivia as dores, cicatriza as feridas, arranca do abismo os que dominados por forças cegas se rebelam contra a determinação do próprio destino e tentam destruir as suas vidas.

Lemos ainda em Adolfo Weiss que "no Universo existem forças encarregadas por Deus, que se chamam anjos ou demônios, gênios ou espíritos. São inteligências imateriais. Esses gênios possuem faculdades peculiares com as quais podem exercer, sob certas condições, uma influência relativa sobre a natureza. Cada um dos gênios tem nome, número e signo determinados. Estas três características servem para chamar o gênio respectivo a fim de que cumpra algum encargo na esfera dos fenômenos naturais que lhe são adequados".

Nunca ninguém disse tanto em tão pouco, que melhor pudesse caracterizar a verdadeira natureza dos admiráveis Guias, que sob a denominação irrisória de Caboclos e Pretos Velhos vem fazer caridade nos terreiros de Umbanda aos orgulhosos senhores da Terra.

São os nossos guias, gênios ou inteligências imateriais, como os qualifica o sábio alemão, os Mestres da Magia Natural, os manipuladores dos fluidos que curam as moléstias físicas ou psíquicas, os trabalhadores do laboratório do astral, este mundo intermédio a que já aludimos, que em Umbanda chamamos Linha das Almas.

E a manipulação desses fluidos, boa ou má, com objetivo de curar ou de matar, de fazer a felicidade ou a desgraça de alguém, é o que se chama magia.

O tema é empolgante.

A magia que é tão velha como o mundo, ou mais velha, tem tido seus períodos de fastígio e decadência, tem imperado sobranceira e vivido ocultamente, sob mil disfarces, em terríveis épocas de perseguição. Mas nunca deixou de ser exercida, fosse qual fosse a sorte reservada aos seus adeptos, ora chamados de alquimistas, ora de bruxos, feiticeiros, magos negros etc.

Não sendo religião, todas as religiões a praticam, mesmo inconscientemente ou ignorando que a fazem os seus sacerdotes (como os da Igreja Católica que perdeu a chave dos mistérios), quando realizam suas cerimônias, que outra coisa não é senão operações de alta magia.

Na Igreja Católica, já citada, que tanto combate nos tem feito, procurando o nosso aniquilamento, são outros atos mágicos. A missa celebrada diariamente nos seus altares, os batizados ou casamentos, as encomendações dos defuntos e todos os chamados sacramentos.

O padre invoca ao realizar qualquer cerimônia litúrgica, os seus santos, para nós espíritos, gênios ou inteligências imateriais, que tem um nome, um número e um signo ideográfico determinados.

Reparemos os símbolos usados nas igrejas, os objetos de culto, as imagens e roupa ritualística bordada com signos misteriosos que os sacerdotes vestem, as palavras que pronunciam ou cantam, absolutamente cabalísticas, as essências olorosas que queimam, a água com que se aspergem, os mil e um passos ritmados (a dança sagrada) que dão ao realizar a cerimônia, os gestos mágicos que fazem etc.

Tudo isto é magia, com outro rótulo para o povo ignorante.

E não se pejam de dar-nos combate e insultar-nos!

Como sabemos que o homem nada pode realizar por si só e que, como diz ainda o sábio Adolfo Weiss, tem que conformar-se com as leis da força de que deseja aproveitar-se. Invocamos humildemente as poderosas inteligências imateriais, que constituem os Guias de Umbanda que acorrem ao nosso chamado feito com a mais pura e sincera fé e que realizam, sob os olhos atônitos dos que os invocam, os milagres diários que dão vida aos condenados à morte pela ciência, que proporcionam felicidade aos desesperados da vida, que confortam o coração dos aflitos com as palavras de amor e esperança que sabem dizer quando é necessário, que levantam os espíritos abatidos pela dor e que nos mostram, a cada passo, como é vã e tola a vaidade dos que se julgam alguma coisa.

Umbanda cobre hoje grande parte desta cidade em que vivemos com mais de um milhar de Tendas, Centros e Cabanas, trabalhando intensamente, dia e noite, e já se espraia vitoriosa além da fronteira da nossa capital para atingir até mesmo longínquos Estados da Federação.

Os nossos patrícios tocados por uma centelha que os ilumina, movidos pela dor que os atormenta, aflitos pela falta de consolação que humildemente buscam em outros templos e lhes é negada, viram, com olhos abertos pelo espanto que entre os humildes, de Umbanda lhes é reservado um lugar onde encontram alivio para os seus sofrimentos, consolo para as suas dores, esperança para a realização de uma vida melhor e onde sôfregos alimentam-se espiritualmente na fé dos Pretos Velhos e dos Caboclos que, sem alarde, lhes vão distribuindo bênçãos e graças.

É a vitória da Umbanda! É a nossa vitória. E no entanto, quando poucos são os que sabem o que é a Umbanda, quão pequeno é o número dos que se detém para meditar nos mistérios em que ela se envolve para realizar, com uma simplicidade que não desperta a atenção, os milagres que diariamente dão saúde aos enfermos, desoprimem o fraco, encarreiram os sem trabalho, fazem despertar no coração dos céticos a chama da fé que os torna seus fervorosos adeptos.

Umbanda é o milagre vivo diante dos nossos olhos deslumbrados; Umbanda é a ação do Cristo na sua jornada pelo planeta, realizando a magia divina em favor da humanidade que se debate no sofrimento e na dor.

Umbanda é magia, e magia é a mola que mostra este mundo.

Magia não é hoje a palavra tabu que levou milhares de criaturas à fogueira. Magia é a palavra que, bem pronunciada, transforma a treva em luz, a dor em prazer, a doença em saúde, a pobreza em riqueza, a morte em vida...

Magia não é uma coisa sobrenatural e, no entanto, é preciso para poder realizá-la, a ela devotar-se de corpo e alma. Magia é arte e ciência.

Repetimos o que já citamos de Adolfo Weiss que a magia é uma ciência dos fluidos que constituem um ramo conhecidíssimo das ciências naturais. Acrescenta aquele sábio que os altos magos aspiraram a dominar e utilizar as forças naturais de ordem fluídica.

Pergunto eu, então, o que fazem os Pretos Velhos, os Caboclos, as Crianças, o povo das encruzilhadas, o povo do Cruzeiro, nos terreiros de Umbanda, senão dominar e utilizar as forças naturais de ordem fluídica? Como agem eles, através das entidades dos quatro elementos – ar, fogo, água e terra – senão manejando esses fluidos, dirigindo-os com maestria rara e com uma consciência perfeita, ora para a realização do bem, ora para a destruição do mal?

A nossa religião – a Lei de Umbanda, outra não é senão a religião que se perde na noite dos tempos dos gloriosos antepassados da humanidade, a mesma que com rituais mais ou menos diferentes foi praticada pelos patriarcas bíblicos. Abraão, Isac e Jacob; a mesma que os instrutores do mundo, que viveram em pura lei divina, ensinaram aos hierofantes do Egito, aos vogais da Índia, lamas do Tibet, aos beduínos errantes dos desertos, aos eremitas cristãos da Tebaida, aos cabalistas judeus; a mesma daqueles três reis que um dia, há dois mil anos, viram brilhar nos céus uma estrela e a acompanharam para prestar homenagem e adoração ao Rei dos Reis que vinha de nascer em uma manjedoura – na mais humilde condição – para salvação da humanidade; a mesma que deu a Moisés o poder de libertar o povo hebreu escravo no Egito, mantendo-o durante 40 anos no deserto antes de entrar na Terra de permissão; a mesma dos reis hebreus David e Salomão, a dos alquimistas astrólogos e magos de todos os tempos e de todas as regiões.

O que Umbanda faz é reviver uma multidão aquilo que sempre se praticou no mistério dos santuários e para um pequeno número de privilegiados. Adoramos um Deus único e supremo e veneramos as grandes figuras de todas as religiões que se impuseram à devoção da massa pelos benefícios que fizeram. Não nos deixamos fanatizar por criaturas de carne e osso que se pretendem fazer passar por deuses ou coisas semelhantes, mas que são tão pecadores na sua vida terrena como o mais ínfimo dos mortais. Nem tampouco ficamos escravizados à palavra de espíritos que incorporam nos nossos médiuns. Fazemos, pelo contrário, uma séria análise das manifestações e das realizações nos terreiros das entidades que se apresentam para trabalhar antes de permitir que realizem qualquer missão junto do povo sofredor.

Há perto de 40 anos venho diariamente dedicando parte

do meu tempo a estudar as coisas da magia que tanto me seduzem, a cada dia que se passa, ao desvendar novos segredos, a aprender a aplicação de novas fórmulas, mais me espanto de ver o quão pouco me foi dado saber de uma ciência tão difícil e tão intrincada. Porque quanto mais me aprofundo mais se desdobram as perspectivas de novos mistérios a desvendar nessa arte de tão difícil manejo. Inúmeros cuidados são requeridos a par da mais severa circunspecção porque quem uma vez pisa esse terreiro arrisca-se a mergulhar em um dos princípios que circundam o seu caminho.

Não é impunemente que se peneira nos mistérios da magia e à entrada do sagrado recinto onde ela se realiza devia haver um anjo com espada de fogo que fizesse recuar os inconscientes que tentassem nele penetrar!

Como já vimos, a magia é tão velha como o Cosmos e a humanidade, que nesses últimos séculos tem se envolvido em um materialismo que cada dia se torna mais grosseiro, está demasiado afastado da prática da arte magna que equipara o homem a um deus.

Combatida no ocidente pelo poder da Igreja Católica, cujos primeiros sacerdotes mal podiam pressentir a sua grandeza e que imaginaram que podiam destruí-la com os castigos que impunham nos que ousavam praticá-la, vem a magia, através dos tempos, realizando as suas maravilhas e não há de ser hoje que o combate que pretendem dar-lhe vai conseguir o que as fogueiras da Inquisição não obtiveram.

Umbanda não desafia ninguém, mas não esmorecerá na luta que se iniciou através da imprensa e dos púlpitos da Igreja Católica que se sente abalada até os seus fundamentos pela sua implantação no Brasil e pela sua fulminante propagação nesses últimos anos.

Estamos firmes nos nossos postos e não abriremos mão dos nossos direitos assegurados em igualdade de condições pela Constituição que está em vigor.

Ninguém ignora o mal-estar que vimos causando aos padres católicos com a prática diária da nossa religião nas nossas Tendas, onde não se pede dinheiro, onde o ritual é gratuito, onde cada filho é atendido solicitamente pelos nossos amados Guias que não regateiam o tempo dos seus médiuns para fazer a caridade que os padres católicos fazem pagar a preço de ouro. E isso não pode ser perdoado. Para eles isto é uma concorrência desleal e tanto mais imperdoável quanto impossível de vencer, porque cresce dia a dia o número de Tendas de Umbanda, não só no Rio de Janeiro mas, ainda mesmo nos Estados em que há pouco menos de dez anos Umbanda era quase desconhecida.

A Igreja Católica está em profundo desespero. A campanha que iniciou contra nós isto o prova. Não se combate neste mundo tão mesquinho, senão aqueles que nos fazem sombra. E é de causar dó lermos em *O Globo*, no *Diário da Noite* e em outros órgãos da imprensa diária, os argumentos que os seus defensores invocam contra nós. Chegam mesmo a esquecer que vivemos em um regime democrático em um país SEM RELIGIÃO OFICIAL, cuja Constituição garante a plena liberdade de cultos. Esquecem-se de que gritam dia e noite, pedindo misericórdia contra a perseguição que sofrem na Hungria e em outros países da Cortina de Ferro e imitando os seus perseguidores pleiteiam perseguição policial contra nós. Esperneiam e ao espernear fazem-nos rir...

Mas nada podem nem poderão contra nós porque a divina magia dos Pretos Velhos e Caboclos de Umbanda irradia-se por toda parte, levando os seus milagres aos lares aflitos, curando os enfermos, solucionando velhas questões de família, levando às casas onde não há pão o emprego para os seus chefes e consequentemente, conforto às famílias desesperadas pelo sofrimento. A magia de Umbanda socorre até mesmo os que se julgam poderosos pelas posições de mando que ocupam, e que são, apesar de tudo, bastante humildes para a ela recorrer nas suas aflições.

Extraordinária é a obra que se realiza nos terreiros de Umbanda! Incomensurável a caridade que seus bondosos guias realizam na humildade de suas tarefas diárias por intermédio dessa plêiade de boa vontade e abnegação que são os seus médiuns. Não há de ser uma campanha de vil despeito que destruirá uma obra realizada sob a proteção do próprio Deus.

Não somos crianças que se amedrontam com caretas.

Temos orgulho em mais uma vez repetir que somos uma religião de magos. Somos umbandistas e a nossa missão é fazer a boa magia, a magia divina, com o único objetivo de fazer a caridade. Quem faz essa magia são espíritos, entidades de sabedoria profunda, que se escondem na maior humildade em roupagens de Pretos Velhos e de pobres Caboclos das selvas, para nos ensinar que de nada valem nomes pomposos, nem ricas indumentárias, neste pobre vale de lágrimas. O que há entre nós, fazemos questão de repetir, é humildade: o que se vê nos nossos terreiros é caridade. Não fazemos concorrência a ninguém e não permitimos, nem permitiremos que nos humilhem. Reagiremos com a nossa ação, mostrando aos que pretendem perseguir-nos que não há mais clima para campanhas de ódio e destruição da nossa religião que se firmou, se propagou e é hoje vitoriosa em grande parte do território de nossa pátria.

Atendemos a todos sem qualquer preocupação de fazer concorrência a quem quer que seja, católico, protestante ou a que outra religião pertença, porque o nosso único objetivo é um só: fazer o bem sem olhar a quem como manda o Evangelho de Cristo, que é a nossa doutrina.

O OLHO DE DEUS

O Semanário, n. 75, 11 de setembro de 1957

José Alvares Pessoa

Um olhar gelado e transpassante o desse olho incomensurável que tudo vê através da sua ronda infatigável pelos mundos sem fim, que são o seu domínio.

Na impossibilidade da sua pupila, que se fixa sobre os seres devassando todos os seus mistérios, esmiuçando todos os seus segredos, existe a força que domina e o raio que estigmatiza.

O seu campo de ação é ilimitado; a capacidade humana insignificante para compreendê-lo.

Não há, entretanto, criatura que, pelo menos uma vez na vida, não o tenha sentido fixar-se sobre si, sem poder determinar o que nesse momento se passa consigo.

Na interminável ronda dos séculos, o olho vigilante passa e imperturbável se fixa em cada ser e em cada põe a sua marca.

Qual máquina fotográfica dotada da mais sensível objetiva, que ininterruptamente batesse as suas chapas, o olho tão poderoso, penetrando no mais íntimo dos seres, esquadrinhando os mais recônditos escaninhos, fixa todos os aspectos íntimos da criatura, tirando de cada um à sua mais perfeita fotografia.

Entretanto, o olho vigilante nem é bom, nem mau; nem é justo, nem injusto, porque ele está mais além do bem e do mal.

A ele não compete determinar o prêmio ou o castigo. Ele limita-se a ver e a gravar nas criaturas o sinal de sua passagem.

Atrás de si vêm aqueles a quem Deus outorgou o poder de distribuir a sua justiça.

Guiados pela luz desse holofote incomparável, que ilumina os abismos mais insondáveis, que estigmatiza os maus pondo a nu toda a hediondez das suas ações, esses auxiliares não precisam fazer estudos sobre as almas, limitando-se a olhar a chapa de cada uma.

Deste simples exame eles inferem qual o prêmio ou o castigo que merecem os seres, fazendo cada um colher o fruto de acordo com a semente que plantou.

As leis de Deus são imutáveis porque são eternas e são perfeitas porque emanaram da sua onisciência.

Diante do tribunal de sua justiça, não há o perigo de condenar-se o inocente, porque antes de apresentar-se a esse tribunal o paciente já passou pelo crivo do seu olho imutável, que tudo perscruta, que tudo vê e ao qual nada escapa.

O homem, ainda que mergulhado na mais trevosa ignorância, como que tem a presciência dessa coisa terrível e quando maior é o crime por ele praticado, tanto maior é a sua sensação de ter sido visto por alguém. Daí o pavor que se apodera do criminoso logo depois de consumado o crime.

Do mesmo modo, aquele que pratica uma ação de reconhecido valor sente sobre si algo que não sabe explicar e que é a luz gelada desse olho penetrante, que não aprova os atos nem os desaprova, mas que os fotografa instantaneamente.

Na linguagem sânscrita há um termo: "Akasha" – que significa éter e onde se diz estarem registrados o ativo e o passivo de cada entidade. A este registro os orientais chamam "livro akashico".

Esse livro akashico é como um álbum onde se encontram colecionadas todas as chapas fotográficas batidas pelo olho incomensurável, cuja luz gelada trespassa todos os seres e todas as coisas.

Quem poderá dizer de onde ele veio, por onde passou, para que lugar se dirige?

O olho penetrante, sob cujo controle tudo se encontra, não pode ficar à mercê do controle de ninguém; as mais elevadas entidades acham-se sob a sua vigilância, porque o olho incomensurável é o olho de Deus.

DISCURSO NO ANIVERSÁRIO DA TENDA ESPÍRITA SÃO JERÔNIMO

José Alvares Pessoa

O Semanário, n. 79, 10 de setembro de 1957

Meus amigos!

É sobre Umbanda que mais uma vez quero falar-vos, nesse dia de tão doces emoções para as nossas almas, que vivem do amor e para o amor de Xangô, o nosso poderoso e admirável Patrono, cuja festa comemoramos juntos, neste glorioso dia 30 de setembro.

É sobre a Umbanda, a misteriosa religião que nos une nessa confraternização espiritual, que tenho sede de dizer tudo o que me vai no mais íntimo da alma, apaixonada pelos seus divinos Orixás, sob os influxos da sua magia poderosa, da sua maravilhosa humildade, da sua ação dinâmica e benéfica, que atinge a todos sem qualquer distinção, harmonizando, curando, defendendo, ajudando, levando sua benção a todos os corações e a todos os lares, não permitindo, com a sua incomparável força, que sejamos atingidos pelas arremetidas dos maus que nos querem destruir!

É sobre a doce Umbanda que quero tecer os meus louvores, porque a minha alma está cheia de alegria vendo-a espalhar-se, propagar-se, difundir-se por todos os cantos da nossa querida Pátria e vendo também que já ela se torna conhecida em outras terras!

Meus amigos, quisera poder transmitir a todos vós a intensidade do meu amor pela Umbanda, a fim de que as vossas almas ficassem de tal modo impressionadas por esse sentimento que ela passasse a ser o número Um das vossas cogitações, dos vossos anseios, da rotina da vossa vida!

Umbanda, meus queridos amigos, é a magia na sua força viva, que se renova desde que o mundo é mundo, para a felicidade dos que, limpos de coração, a manejam em benefício da humanidade sofredora.

Umbanda é a ação dinâmica do Cristo perpetuando-se nos humildes terreiros, através dos poderosos Guias que se nos apresentam sob uma forma quase grotesca, para experimentar a nossa vaidade, o nosso orgulho e a nossa grandeza.

Umbanda é a luz ofuscante da nossa divina Mãe Yemanjá, que se atenua para que não fiquemos cegos sob os seus raios refulgentes!

Umbanda é o poder dos divinos Orixás que dominam as forças do mal que se abatem sobre este mundo de dor e de agonia!

Umbanda é o brinquedo das crianças nos jardins de um plano divino, onde se realizam os grandes mistérios que dão solução aos intrincados problemas da vida dos pobres mortais que habitam este duro Planeta!

Umbanda é o trabalho afanoso dos componentes da Linha das Almas, aliviando o mundo dos maléficos fluidos do astral inferior!

Umbanda é a caridade sublime dos que abdicam das suas horas de descanso para trabalhar horas a fio para aliviar o sofrimento dos seus semelhantes!

Umbanda é amor, é luz, é poder, é força, é encantamento e magia, é grandeza e humildade, é sabedoria e simplicidade, é abnegação e renúncia, na sua mais viva expressão de realização diária de milagres que confundem os que nela não creem!

Umbanda é o terror dos que desejam viver à custa da exploração da desgraça alheia, dos que sugam as energias dos seus semelhantes, fazendo pagar um régio preço por serviços que perderam o seu conteúdo espiritual!

Umbanda é alegria de viver, quando não se tem o coração corroído pela chaga da inveja; quando não se tem a alma enegrecida pelo ódio que destrói; quando não se vive como balão enfunado pelo orgulho que dá a ilusão de grandeza a quem é apenas verme; quando se tem a mente limpa das paixões que nivelam o homem às bestas; quando não se tem a alma escravizada pela avareza que transforma o ser em inimigo do seu próprio pai ou irmão!

Umbanda é o Verbo de Deus que mais uma vez se encarna entre os homens, através dos milhares de Guias de boa vontade que vem pregar o "amai-vos uns aos outros".

Umbanda é o nosso ideal, é o nosso anseio de cada dia, é o nosso amor, é a religião do Brasil!

UMBANDA DENTRO DO MUNDO

José Alvares Pessoa

O Semanário, n. 86, 29 de novembro de 1957

A verdadeira missão dos Guias de Umbanda é a caridade integral, sem limitação a este ou aquele plano, isto é, o seu objetivo principal é aliviar o sofrimento humano onde quer que se apresente e seja qual for a sua modalidade.

Por isso mesmo, o Espiritismo de Umbanda preocupa-se com o mundo; os espíritos que em seu nome vem aos terreiros entendem que a caridade primordial consiste em tirar a pobre humanidade das terríveis aflições de ordem material e moral em que se debate, buscando dar soluções favoráveis aos problemas que afligem cada um dos que vivem os seus protegidos.

Dar-se-ia que se acham tão irmanados com o sofrimento dos homens que, por isso mesmo, puderam chegar à conclusão de que é preciso ter a mente tranquila, livre do pensamento obsessor da solução de questões materiais, para poderem ouvir, com proveito, os conselhos de ordem puramente espiritual, que na sua humilde linguagem não se cansam de prodigalizar aos que os buscam.

Umbanda tem a preocupação constante da felicidade do homem, dentro do mundo do seu bem estar material e perfeito equilíbrio de sua situação moral, condições indispensáveis à receptividade proveitosa da palavra transcendente que eleva a alma aos pés de Deus.

Quem tem a alma presa a mil cuidados diferentes preocupada com a satisfação de compromissos inadiáveis e não vê adiante de si uma saída desespera-se de encontrar auxílio entre os seus iguais e busca, ânsia em que se debate, uma solução vinda do alto.

Filho nenhum procurou Umbanda em uma hora dessas que não visse solucionado o seu caso.

Nenhuma outra religião dá no terreno material às almas aflitas o consolo de que necessitam, porque se a doutrina toca profundamente o coração e o comove não resolve entretanto a situação angustiosa de ninguém.

As religiões de elite não se preocupam com o mundo, não compartilham do sofrimento material dos homens, interessando-se apenas pela sua evolução espiritual ou na sublimação transportam-se às incomensuráveis alturas por nós inatingíveis, não se interessam pela vida propriamente material a que o homem está sujeito pela sua condição, e levam o nosso sofrimento à conta do karma, que fatalmente terá de ser vencido; o hinduísmo procura levar os seus adeptos às especulações metafísicas e às maravilhas do êxtase em Samadhi e Budismo levar-nos às delícias do Nirvana; a Teosofia mostra-nos planos e subplanos onde gozaremos as venturas de uma vida puramente espiritual; o Catolicismo cristão propugna pela ascensão das almas dos céus; nenhuma dessas sublimes religiões entretanto, que tem como objetivo único levar os homens para o alto, para regiões que tão cedo não conseguirão atingir por força mesma da miséria condição em que vivem a expiar as suas faltas, se preocupa com já vimos com a felicidade do homem no plano que a Umbanda vem de cima para baixo para bem perto do sofrimento a que nos debatemos procurarão assegurar-nos com a melhoria das nossas condições expiatórias, o meio certo de poderem um dia elevar-nos às incomensuráveis alturas atingidas pelos que já se redimiram dos seus crimes.

Umbanda vê a chaga do filho que o busca e incontinente lhe aplica o bálsamo que sara, reservando-se para depois da cura, pronunciar a palavra que o despertará para a vida propriamente do espírito.

Umbanda vive dentro do mundo para os pobres filhos do mundo, estes ainda pouco evoluídos, que necessitam da dor que regenera e purifica e que por isso mesmo precisam de caridade em todos os planos a que por força de suas contingências se acham ligados.

Umbanda é a própria alma do mundo trabalhando em prol da regeneração dos homens.

Umbanda já o dissemos uma vez, é Jesus trabalhando: curando os enfermos, determinando o cumprimento das leis do mundo, preocupando-se com a satisfação das necessidades materiais dos homens como se pode ver na passagem dos Evangelhos, em que se consigna o milagre da multiplicação dos pães.

É preciso conviver-se nos humildes terreiros da Linha para ter-se uma ideia segura dos milagres que sem alarde, fazem os Guias de Umbanda todos os dias.

A doce bondade do trato dessas admiráveis entidades, que se ocultam sob o humilde disfarce de Pretos Velhos e Caboclos, e a paciência com que ouvem as misérias de cada um; o interesse que tomam por cada caso particular não esquecendo os menores detalhes da conduta que lhes foi feita; só por aí revelam a perfeita integração de Umbanda dentro do mundo, dando-nos não a esperança mas a certeza absoluta de que jamais ficaremos ao desamparo, de que no momento de aflição e do desespero se estenderá para nós uma mão amiga que não nos deixará cair.

A injustiça dos ignorantes e dos de má fé, que nivelam as entidades de Umbanda aos feiticeiros da magia negra, não continuará a prevalecer por muito tempo.

Arregimentam-se os filhos de Umbanda com o saudável objetivo de mostrar a todos, que a religião dos humildes e deserdados da sorte é tão espiritual como qualquer que o seja e que se Umbanda vive dentro do mundo, em um contato mais íntimo com os sofredores que expiam as suas culpas passadas, isto é, ainda para provar a sua grandeza e a sua perfeita compreensão dos ensinamentos do Divino Mestre, que vive entre pecadores e pobres criaturas do povo, que não rejeitou de junto de si os que o buscaram, ainda mesmo quando as condições espirituais destes eram as mais precárias e que mesmo na hora extrema de sua morte ignominiosa teve palavras de conforto e de promessa para o bom ladrão, com quem estaria no paraíso, segundo suas próprias palavras.

Os umbandistas, que já se contam aos milhares, devem unir-se sob a bandeira de Umbanda e com respeito humano gritar bem alto a sua crença, na suave doutrina dos Pretos Velhos e dos Caboclos que, desprezando o gozo da bem-aventurança eterna, descem de Aruanda para o ambiente pesadíssimo da Terra com o objetivo de melhorar as tristes condições de ordem material, moral e espiritual em que vive a humanidade sofredora.

Que cada um de nós seja o propagandista sincero e espontâneo da verdade que a maioria não quer ver e que cada um se compenetre de que vivemos no mundo para com o sofrimento atingirmos um grau maior de evolução espiritual, os Guias de Umbanda abandonam as delícias do Nirvana, que conquistaram também através do sofrimento para viverem conosco dentro do mundo, compartilhando das nossas dores humilhantes e chorando as nossas lágrimas.

Não sejamos ingratos com os que nos prodigalizam tantos benefícios e gritemos para que todos ouçam que somos e seremos umbandistas a despeito das perseguições que anda nos movem, e do riso de ironia dos que, menos felizes do que nós, ainda não despertaram e de olhos fechados não tem a capacidade para reconhecer a verdade.

HOMENAGEM DA TENDA ESPÍRITA SÃO JERÔNIMO AO SEU PRESIDENTE

O Semanário, n. 91, 2 de janeiro de 1958

Capitão Pessoa (de gravata) com alguns presentes à homenagem
O Semanário, n. 91, 2 de janeiro de 1958

Na noite de 26 de dezembro, o Capitão José Alvares Pessoa, fundador e presidente da Tenda Espírita São Jerônimo, foi alvo de expressiva e carinhosa manifestação de apreço por parte de seus irmãos e companheiros, aos quais se juntou *O Semanário*. No meio umbandista e em geral no meio espiritualista da capital da República, a figura de José Alvares Pessoa não é só conhecida e acatada como também grandemente estimada, pois a sua inteligência, cultura e capacidade de ação se juntam qualidades como a firmeza de caráter e a bondade imensa do coração, que sua modéstia não faz senão realçar.

O nosso bravo Capitão não é somente um pregador de doutrina, um infatigável proselitista, ardoroso e pugnaz no seu apostolado: é, sobretudo, uma alma boníssima, tocada do mais puro sentimento de solidariedade humana. Os que batem à sua porta e tem o prazer de seu convívio encontram nele, ao lado do mentor seguro, paciente e compreensivo, o amigo incomparável de todas as horas, atento, solicito, participante das alegrias como das dores alheias.

E é esse o segredo de sua imensa popularidade nos círculos espiritualistas do Rio de Janeiro, a cujo conceito se impôs pela verdadeira prática da caridade de Cristo. Fundador da Tenda Espírita São Jerônimo, e a sua coluna mestra, pela dedicação, que chega a ser comovente, com a que serve. Por isso, a casa de Xangô se engalanou, na noite de 26 de dezembro, para fazer-lhe a surpresa de uma manifestação de carinho significativa, na sua espontaneidade, do quanto é querido o nosso Capitão.

A homenagem foi merecidamente estendida a sua ilustre esposa, Senhora Júlia Alvares Pessoa, alta funcionária da Câmara dos Deputados que, por sua brilhante inteligência e vasta cultura, faz honra a mulher brasileira, mais do que nunca identificada com a causa espiritualista em nosso país.

Falou, no ato, após entoarem os presentes os cânticos rituais, o Senhor Altamir Mendes de Freitas, da diretoria da Tenda em cujo nome ofereceu a Senhora Alvares Pessoa uma linda *corbeille* de flores.

Foi uma festa do coração. Nem com o nosso velho Capitão poderia ser de outra maneira.

CARTA ABERTA AOS LEITORES DE *O Semanário*

José Alvares Pessoa

O Semanário, n. 104, 10 de abril de 1958

Meus amigos.

Entoemos um hino à O SEMANÁRIO, louvando o patriotismo, o desassombro, o dinamismo, a honestidade e a boa vontade dos espíritos de escol que o dirigem; enaltecendo a obra de esclarecimento do povo que realizam sem interesse de lucro, abençoando esses abnegados e destemidos colaboradores que servem de instrumento para tão grande realização.

Deixemos que a alegria nos domine durante este período de festa em que se encontra O SEMANÁRIO, que se engalana para comemorar mais uma etapa vencida no caminho espinhoso que vem trilhando para a conquista do mais alto jornalismo.

O SEMANÁRIO, que é atualmente a grande razão de ser

de Oswaldo Costa, este brilhante e incomparável espírito de luta, que traçou o alto objetivo de torná-lo um dos maiores periódicos do nosso país e com apenas dois anos já o conseguiu.

O SEMANÁRIO, repito, precisa do nosso amor, do nosso devotamento, do nosso entusiasmo, da nossa exaltação para atingir as culminâncias da glória a que está destinado.

Ponhamos de lado todas as nossas reservas e proclamemos, com orgulho, nós umbandistas a quem, em um momento em que estivemos sendo alvo de uma campanha de difamação da nossa religião por aquele que, desprezando os ensinamentos do divino Nazareno, só pensam em dividir ao invés de unir, – O SEMANÁRIO, jornal de elite, sob a direção do homem bom que é Oswaldo Costa, habituado a abrir seu coração para levar ao aflito o socorro de um bálsamo que alivie o seu sofrimento, abriu suas páginas, dando-nos ensejo para defender as nossas ideias.

Enumeremos um a um os inestimáveis favores que este cidadão patriota tem prestado à causa do espiritualismo no Brasil e à Umbanda em particular, sem respeito humano – o maior obstáculo para vencer-se em qualquer terreno.

Oswaldo é o irmão compassivo com que todos contam e que deve contar com todos nós para vencer a luta titânica que se trava diariamente contra a opressão dos poderosos habituados a comprar almas.

Meus amigos!

O SEMANÁRIO está vivendo a sua hora propícia, o seu momento favorável; cabe-lhe enfrentar o mundo, desafiá-lo se tanto for preciso, para que a sua obra de grande benemerência e do mais alto patriotismo seja reconhecida, respeitada e glorificada.

E nessa hora, tão grata aos nossos corações de umbandistas, que durante esses dois anos ininterruptamente temos assistido à titânica luta em defesa do seu grande ideal de nacionalista vem Oswaldo Costa enfrentando contra aqueles que pensam que tudo se vence a poder do ouro, unamo-nos todos, em um decidido e firme propósito de envidar os nossos mais nobres esforços pelo engrandecimento de O SEMANÁRIO, pelo apostolado de fé nas suas realizações e pela vitória de sua causa, que é a causa de todos nós brasileiros, espiritualistas ou não: ver o Brasil triunfante, livre das guerras do capitalismo imperialista que tenta escravizá-lo.

Rio de Janeiro, abril de 1958.

SÃO JERÔNIMO EM UMBANDA

José Alvares Pessoa

O Semanário, n. 109, 15 de maio de 1958

São Jerônimo no deserto
Leonardo da Vinci, 1498
Museu do Vaticano

A Tenda de São Jerônimo, que tenho a honra de presidir, cultua reverentemente o seu incomparável padroeiro e tem como objetivo constante fazer a propaganda do insigne Santo da Cristandade que, há 1000 anos, mais ou menos, se libertou dos sofrimentos que lhe foram infligidos ao corpo e o espírito, pelas condições negativas do planeta e inferioridade dos homens.

Ninguém foi mais ilustre que o Santo que tanto veneramos e a sua vida de atividades constante ele a esgotou, ocupando-se nos mil e um misteres que dele fizeram o escritor e polemista ardente, o teólogo cujas decisões tornavam-se lei para a Igreja; o sábio conhecedor de línguas exóticas, como o hebraico e o caldáico, o asceta e propagandista apaixonado da vida reclusa dos mosteiros. Mas foi, sobretudo como homem de ação que ele se tornou poderoso entre os seus contemporâneos e imortal para a História, como diz André Thierry, ação que também dele fez um dos maiores viajantes do seu tempo, levando-o a percorrer quase todo o universo conhecido na época em que viveu.

É de São Jerônimo a frase "o amor nos estudos criou os viajantes", que bem mostra que o seu objetivo ao se locomover de uma para outra parte, era o eterno afã de ilustrar o seu espírito.

Não é de admirar, pois, influência que exerceu na sua época, sobretudo entre as ilustres patrícias romanas, também sequiosas de conhecimentos e, como ele, devotas de Nosso Senhor Jesus Cristo.

Ler a história de São Jerônimo (e são inúmeras a suas biografias), ler a sua história, repito, é viver com intensidade a vida de um dos mais agitados séculos do Ocidente, que sucumbiu naquela época à invasão dos bárbaros. Mas ninguém, como o próprio São Jerônimo, é capaz de narrar aqueles acontecimentos, como ele o faz através das inúmeras epístolas dirigidas aos seus amigos e aos seus próprios adversários.

Comparado muitas vezes a Cícero pelo brilho e pelo ardor de suas polêmicas, São Jerônimo arremetia com a sua pena contra a licenciosidade do clero e da decadente sociedade do seu tempo, verberando os costumes que levaram uns e outros à prática de ações que os desmoralizavam.

Por isso mesmo, tornou-se ele o conselheiro espiritual de um grupo de virtuosas matronas das mais nobres famílias patrícias, que tudo abandonaram para dedicaram-se exclusivamente à causa do Cristo, é que transformaram os ricos palácios em que moravam em lugares de meditação e de estudo dos livros sagrados.

É com algumas delas – Paula e sua filha Eustóquia e outras nobres romanas – que ele parte para Belém onde devia um dia morrer. Ali, funda um convento para homens, e as nobres senhoras fundam três conventos para virgens. E erigindo o seu convento e ao mesmo tempo refugiado na gruta de Belém, trabalha afanosamente para maior divulgação dos livros santos, que traduz dos originais em língua hebraica e caldáica.

Todavia, quanto mais trabalhava ele espiritualmente, mais invejas despertava entre os próprios que se diziam seus amigos e que contra ele investiam com o poder da intriga, da calunia e da difamação.

São Jerônimo viveu em luta aberta e constante contra os que não se conformavam com sua esmagadora superioridade, nos vários terrenos em que era provocado.

Diz Thierry, referindo-se à luta surgida no deserto da Cálcida entre os adeptos de Paulino e os de Melécio, a propósito da doutrina da consubstancialidade do Verbo que "Jerônimo não havia nascido para a vida tranquila e, pacificado o inimigo interior, os assaltos lhe vieram de fora"

Porque de tal modo os contendores tentaram envolvê-lo na polêmica da qual ele se mantinha afastado que o levaram a exclamar: "Que raça é esta de homens? Que pátria bárbara admite tais costumes? Recusam-nos a hospitalidade de um pouco de areia!".

Mesmo homens de porte espiritual de Santo Agostinho, bispo da Igreja e um dos seus maiores luminares, o provocaram. Rufino que nos princípios de sua mocidade fora um dos seus maiores amigos, valeu-se até de um sonho que assaltou o nosso santo e foi por ele contado em carta a Eustóquia, para abrir contra ele as baterias da inveja, difamando-o, com dúbias palavras e ares de quem o enaltece e admira.

Acusado de fazer magia, de falsificar os textos sagrados, de impostor que seduzia as almas com a arte de Satan, o nosso santo cujo caráter era "sombrio, irritável e imperioso até na afeição", enchia-se de uma ardente indignação e, manejando com o seu maravilhoso gênio a terrível arma do ridículo, arrasava os seus adversários. Nenhum difamador era poupado e ele esgotava o assunto até mesmo nas suas mais insignificantes minúcias.

Por outro lado, Jerônimo era doce e compassivo e nada lhe era mais querido do que um amigo mais querido do que um amigo verdadeiro. A sua dedicação não tinha limites e escrevendo a um amigo que lhe pareia fiel, mas de quem não tinha notícias há longo tempo, teve essas palavras de queixume: "Uma amizade que pode se quebrar nunca foi uma amizade verdadeira".

Ele próprio declarava que uma palavra de ternura o apaziguava em meio de suas mais vivas cóleras.

Conta uma lenda da Idade Média que um dia no deserto da Cálcida ele viu entrar na sua cela, olhos em fogo e as faces largamente abertas, um grande leão ferido, arrastando uma das patas que deixava atrás de si um sulco de sangue. Jerônimo dele se aproximou, o acaricia, estanca o sangue da chaga e o terrível animal a ele se dedica como um escravo.

A vida do nosso Santo é uma vida cheia de contrastes; ora em luta terrível com os invejosos, os caluniadores, os traidores, ora a braços com seus devotados amigos, que tudo lhe dão quando a ele dedicam toda a ternura dos seus corações.

Três gerações de mulheres de uma das mais ilustres casas romanas – a dos Scipiões – lhe serviram de verdadeiros anjos da guarda no deserto: Paula, Eustóquia e Paula (mãe, filha e neta), tendo cabido a esta última, criança ainda, a dolorosa tarefa de lhe fechar os olhos.

Nada se sabe ao certo sobre as exéquias de Jerônimo, apenas o que é certo é que os seus restos repousam em Belém, na rocha cavada, sobre a qual ainda hoje se lê o seu nome.

Segundo as lendas sobre o nosso admirável Santo, nenhum lugar da Judéia foi mais abundante em milagres do que o seu próprio túmulo. Conta-se mesmo que três fiéis que morreram invocando o seu nome e que como última vontade exigiram que os seus cadáveres fossem estendidos sob o cilício do Santo, ressuscitaram, contando que São Jerônimo havia guiado suas almas através do paraíso e do inferno, e do próprio purgatório, explicando-lhes os mistérios do mundo sobrenatural, a inefável felicidade dos eleitos e a terrível sorte dos maus (Cyrillo – *Milagres de Jerônimo*).

Entretanto, 1600 e tantos anos são passados, e a Igreja de Roma estende sobre o seu Doutor Máximo um manto de olvido, relegando a sua memória a um plano de obscuridade, como se isto fosse possível! Ao contrário da Igreja, nós umbandistas, o temos como um dos nossos maiores Chefes, venerando-o e o amando com todas as forças dos nossos corações exultantes de alegria por nos ter sido dada a felicidade máxima de sermos seus devotos e aqui estamos para pedir ao nosso glorioso São Jerônimo que nos conceda sempre a graça de merecer-lhe a proteção e um pouco de ternura imensa que sempre dispensou àqueles a quem amou.

UM POUCO MAIS SOBRE O PASTOR DE UMBANDA

José Alvares Pessoa

O Semanário, n. 109, 22 de maio de 1958

A obra de espiritualização dos adeptos da Lei de Umbanda pelo Caboclo das Sete Encruzilhadas nesses quase cinquenta anos de trabalho ininterrupto das suas Tendas, é alguma coisa de que devemos nos orgulhar.

Apraz-me rememorar, constantemente, a fim de que fique bem fixado na mente e no coração de todos os umbandistas e com o objetivo de dar um grande impulso para o maior engrandecimento da obra, o desprendimento de todos os que, durante esse tão largo lapso de tempo, vem colaborando, com rara tenacidade, para a conservação do patrimônio espiritual e moral constituído, como uma herança preciosíssima para nós, pelo humilde Caboclo das Sete Encruzilhadas.

Todo aquele que, sem *partpris*,[15] se der ao trabalho de fazer um estudo honesto sobre a história da Umbanda no Brasil, terá que chegar à conclusão – para nós muito honrosa e sobremodo grata – de que foram as Tendas do Caboclo das Sete Encruzilhadas que, sem receio dos trabalhos afanosos, das

[15] Opinião assumida antecipadamente, de maneira preconcebida ou tendenciosa (Nota de Diamantino Fernandes Trindade).

lutas incessantes com os que tinham interesse em combater-nos, num trabalho consciente de obediência à orientação do maravilhoso Guia, expurgaram os adeptos de Umbanda das tendências para a magia negra, impondo aos que as frequentavam um ritual simples, honesto, digno, de caridade real, porque ao mesmo tempo em que cura os males físicos dos que as buscam, doutrina os espíritos mal acostumados, que comumente confundem Espiritismo de Umbanda com feitiçaria.

Não há nada melhor, nem mais admirável a se constatar até hoje. Se lançarmos um olhar em torno de nós, havemos de ver desde tempos que não vão muito longe, porque estão nítidos na memória de todos, a Tenda Nossa Senhora da Piedade, tendo à sua frente o espírito luminoso que é o nosso Guia, atraindo sempre milhares de adeptos que, em busca de lenitivo para os seus males de toda a espécie, a procuram como a verdadeira Meca de Umbanda!

Do seu seio saíram todas as organizações no gênero, feitas à imagem e semelhança; é uma comunidade em que todos os elementos, todos os líderes e os melhores médiuns conhecidos de Umbanda, foram feitos sob as suas vistas nas suas Casas, conviveram com o Caboclo das Sete Encruzilhadas, dele recebendo suas luzes; aprenderam e transmitem as suas magníficas lições.

A semente da verdadeira Umbanda saiu dos jardins de sua organização. Ainda hoje é ele o Maomé dessa nova religião, que toma vulto e já se propaga pelo País inteiro, do Norte ao Sul, do Leste ao Oeste!

Com a humildade que o caracteriza, limitou-se ele a preparar o edifício da Fé, da Espiritualidade simples e pura; ligou a Umbanda ao Evangelho de Jesus, adotando o lema Espírita "Fora da caridade não há salvação". Jamais pleiteou para a sua organização bens materiais, palácios ou ritual luxuoso; as suas casas continuam a ser o que sempre foram: portas abertas para todos os que sofrem, sem distinção de classe, credo ou cor; dinheiro é expressão que não se usa, porque a prática da caridade é feita nos moldes pregados no Evangelho de Jesus, sem olhar as condições das pessoas que batem à sua porta. "Dai de graça o que de graça recebeis".

Somos realmente os legítimos herdeiros de uma fortuna preciosa! A herança que nos foi legada pelo Caboclo das Sete Encruzilhadas constitui patrimônio riquíssimo, não em bens da terra, que depressa se acabam, mas precioso pelo que encerra do ponto de vista espiritual e, portanto, Eterno.

Temos o direito de nos sentir orgulhosos e felizes, mas, também nos cabe uma pesada tarefa, qual a de multiplicar a riqueza que nos foi confiada, fazendo-a render juros altíssimos que, aplicados com a honestidade com que até hoje trabalhamos, possam vir a ser distribuídos pela imensa família constituída pelos filhos do Caboclo das Sete Encruzilhadas, que aumenta em proporção animadora dia a dia.

O nosso dever é, pois, muito maior do que os nossos direitos.

Não é com mera formalidade das promessas que poderemos dar conta da nossa tarefa. O trabalho que temos diante de nós é talvez ainda mais árduo do que o que coube aos pioneiros que organizaram a obra há cerca de cinquenta anos. Os nossos inimigos combatem-nos a descoberto em todos os setores. Não temos mãos a medir, talvez não tenhamos tempo para um pequeno repouso; temos que estar unidos mais do que nunca e sempre vigilantes.

Ao tempo da ditadura passamos por momentos de verdadeira apreensão. Várias circunstâncias nos levaram a crer que iríamos ser privados de nossa situação; exigências da lei e das autoridades e causas materiais de diversas espécies pareciam ir privar-nos de tudo; chegamos a recear que fossemos obrigados a fechar nossas casas. Tudo isso nada mais foi, do que simples interregno para a segunda fase dos nossos trabalhos, que se mostram tão promissores e que abençoados pelo nosso grande Guia, levaremos mais adiante e mais fortes do que nunca.

Por isso, torna-se necessário em torno do nosso querido Chefe, o Caboclo das Sete Encruzilhadas e que, confiantes na proteção que nunca nos faltou, não esmoreçamos no cumprimento do dever, como tutelados do Nosso Senhor Jesus Cristo, cujo Evangelho é a nossa norma de conduta e o nosso Código de Honra, e como legítimos herdeiros do Caboclo das

Sete Encruzilhadas, a quem humildemente pedimos força e serenidade para a luta, fé e amor para continuar a realização da sua obra, espalhando, com o desinteresse que tem sido o lema de nossa vida, a caridade de que os pobres necessitam.

O CORAÇÃO DE UMBANDA

José Alvares Pessoa

O Semanário, n. 118, 17 de julho de 1958

Um mistério, impenetrável aos não iniciados, costuma envolver as religiões, por mais primitivas que sejam, preservando-as, no que tem de mais precioso, da profanação daqueles que, espertos para se valerem de tudo quanto lhes possa ser de utilidade, não hesitam em cometer os mais graves sacrilégios para a satisfação dos seus mais baixos instintos.

São, pois, sempre velados, pela aparência, ora pomposa, ora estranha, ora simplória, do seu ritual, os trabalhos por meio dos quais os sacerdotes das diversas religiões entram em contato com as entidades divinas que na sua ânsia infinita de fazer o bem não se esquecem dos desgraçados que mourejam nesse planeta de tanto sofrimento e vencendo camadas tão pesadas acorrem ao chamado dos que não descreem do poder de Deus.

A vida é árdua aqui embaixo e deserto e árido é o coração do descrente, do tíbio e do cruel. A tarefa, pois, dos que atendem aos chamados dos poucos que entre os homens, apelam para a divindade, é por isso mesmo excessivamente penosa. Quantas lutas para se levar um pouco de alívio a uma alma que sofre! Com quantos empecilhos se tem que contar para conseguir fazer-se por aquele mesmo que, no seu desespero, na sua dor, apelou para as forças do Além.

Muitos filhos estranham que o socorro às vezes tarde tanto, sem se lembrar que o próprio que o pediu é quase sempre quem mais trava a ação dos que o ouviram e acudiram ao seu apelo.

Aquele que pede precisa ter a paciência necessária para esperar que o momento propício seja chegado ao fim de que possa ser socorrido. Mas, ninguém quer esperar! Todos cansam tão depressa! E porque não sabem refrear seus ímpetos, quantos são os que estragam tanto trabalho bem iniciado!

Além da impaciência há ainda a desconfiança, que não permite àquele que pediu a graça dar-se inteiro às entidades que o protegem e com o seu raciocínio cheio da lógica da terra procura interpretar as diversas fases dos trabalhos, falseando a verdade que não está ao seu alcance e consequentemente impedindo, pela falta de fé que isso acarreta, a realização daquilo que é realmente os desejos de seus guias.

Não queremos dizer com isso que os filhos da terra se entreguem de corpo e alma ao primeiro que se arrogue o título de "Guia". É preciso bastante discernimento, devoção e amor a Deus para não se ser vítima de embusteiros que não perdem vasa para se insinuar entre os incautos e com isso levar as almas para o caminho da perdição.

É preciso que o crente busque, antes de qualquer coisa, o coração, ou a alma – se assim o preferem – e que é a essência mesma da religião a que pertence. É preciso que o devoto levante a ponta do véu e penetre no mistério.

Umbanda, a humilde e doce entre todas, também tem o seu coração. Agasalhador, como um ninho que tem dono, reconfortante, cheio de amor para com os seus adeptos, o coração de Umbanda se dilata para que não fique sem agasalho um só de seus filhos para que todos fiquem a salvo das tormentas que continuamente se desencadeiam sobre os desgraçados que ainda estão na luta para resgate de suas faltas.

O coração de Umbanda é incomensurável. Quem o procura encontra paz e carinho; nenhum filho deixou de ser atendido, mesmo laborando em erro, porque no corpo de Umbanda que se compõe de membros sem conta, como as estrelas do céu, há sempre um alerta, procura evitar a queda do que invocou seu auxílio. O coração de Umbanda não é invulnerável; o mais humilde e tímido "ai" de um filho aflito o atinge em cheio e ele sangra. A dor dos homens o faz doer continuamente; e os espinhos que ferem aqueles que caminham em busca da perfeição cravam-se nele magoando-o e deixando marcas indeléveis.

Também as alegrias, como as dores, as esperanças e as desilusões nele encontram guarida: a fé, a esperança e o amor são como labaredas que o incendeiam constantemente.

Oh! Vós que andais por esse mundo, tão cheios de dores e aflições; Oh! Vós que passais pela vida sorrindo sem vos aperceberdes do abismo que a vossa frente vos espera para tragar-vos; Oh! Vós que sabeis que um dia como prêmio da luta, alcançareis a meta almejada; buscai alívio para vossos males, um amparo seguro para a vossa inconsciência, força para a realização de vossa tarefa no coração da Umbanda, não sejais tímidos; avançai resolutos e de repente, o mistério se desvendará aos vossos olhos encantados pela doce visão, e o vereis na plenitude de sua beleza e de sua glória, porque coração de Umbanda é o doce e divino Nazareno!

CARIDADE

José Alvares Pessoa

O Semanário, n. 119, 24 de julho de 1958

O bem deve vir ao mundo e feliz daquele por meio do qual ele vem.

A caridade é a virtude fundamental da doutrina do Cristo. E por caridade, não quero me referir ao ato de piedade que se costuma fazer pelos que sofrem; antes, quero torná-la no seu sentido verdadeiro e amplo, grandioso mesmo, porque caridade significa amor.

A caridade é a virtude que nos leva a amar ao próximo como a nós mesmos, isto é, sem restrições.

Não penseis que é caridade tirar o dinheiro do bolso para depositá-lo no chapéu do desgraçado que se posta à beira do caminho pelo qual passamos. Isso é esmola.

A caridade não é ostensiva, não se impõe à gratidão de quem quer que seja. A caridade, sendo amor, só com idêntico sentimento poderá ser retribuída.

Caridade é o elo misterioso que prende as criaturas umas às outras, fazendo com que procurem entre si aplainar as dificuldades que constantemente surgem no caminho, sempre tão áspero, tão duro de trilhar!

Jesus, nos últimos momentos que esteve com seus discípulos, não se cansou de repetir: "Amai-vos uns aos outros, como eu vos amei. Pelo amor que tiverdes uns aos outros, reconhecerão todos que sois meus discípulos". É o seu último mandamento.

Não se pode ser caridoso, ou antes amoroso, sendo maldizente. Aquele que ama não pode comprazer-se em dilacerar-se com os dentes o objeto do seu amor.

Todo aquele que não reage contra a própria inferioridade e se entrega com deleite à maledicência é indigno de fazer parte de uma comunidade de simples cidadãos, quanto mais de espiritualistas! Santo Agostinho tinha um tal horror aos mexeriqueiros que mandou escrever na parede do refeitório do seu mosteiro, em letras garrafais, os seguintes dizeres: Que aquele se compraz em destruir a reputação alheia saiba que é indigno de sentar-se a esta mesa".

Imaginai agora o que se poderá pensar de um que não contente de se manter com a vida privada dos outros, ainda se julga com direito de julgá-lo e condená-lo! E comumente trata-se de pessoas às quais se deverá repetir as palavras de Cristo: "Hipócrita, enxergas o argueiro no olho do teu vizinho e não vês a trave no teu olho"!

A caridade nos leva a ver em cada um dos nossos semelhantes uma perfeita reprodução de nós mesmos; neste caso, tudo que devemos almejar é que cada um obtenha exatamente aquilo que nos satisfaz e nos torna felizes.

Ninguém gosta de ver os seus próprios sentimentos, mesmo os mais inferiores, espezinhados pela turba inconsciente; não é de um perfeito cristão humilhar aquele que, por fraqueza ou fatalidade, é digno de lástima e que pelas circunstâncias a que foi arrastado vive em continua humilhação.

Cristo não mostrou a porta aos que erravam. Antes, pelo contrário, costumava dizer: "Deixar vir a mim todos os que sofrem e eu os consolarei". Com o mesmo amor, que era a própria essência do ser. Ele consolava os aflitos, acariciava as crianças e perdoava a mulher adultera. "Que aquele que estiver sem culpa atire a primeira pedra".

Esta é a máxima que cada um de nós deveria ter gravada no coração, repetindo-a a cada instante em que o demônio do orgulho nos mostra a nós mesmos como puros e impolutos, fazendo ressaltar os defeitos dos outros, ou mesmo as suas chagas, que as mais das vezes são infinitamente menos asquerosas do que as nossas próprias!

O homem é realmente o pior dos animais, porque é o único que se serve da língua para ferir o seu semelhante. Se assim fosse, como a humanidade seria feliz! Porque se a língua é instrumento que às vezes consegue ferir de morte, também é verdade incontestável que pode com uma só palavra levantar o desgraçado que não tem mais ânimo para reagir.

Uma boa palavra, pronunciada no momento oportuno, pode levar a felicidade a milhares de criaturas; uma palavra má pode destruir uma cidade inteira.

Se a caridade fosse uma virtude perfeitamente enraizada no coração dos homens, este mundo deixaria de ser lugar de provação para ser o paraíso pelo qual todos anseiam.

Agora, que procuramos irmanar o nosso pensamento em um sentimento da mais pura espiritualidade e que através de um órgão de publicidade de tamanha projeção em todo o país como *O Semanário* temos a oportunidade de levar a nossa palavra de amor a todos os nossos irmãos brasileiros, sejamos fraternos, no verdadeiro sentido da palavra, e não procuremos com atitudes mesquinhas ferir aqueles que discordam da nossa orientação ou do nosso sistema de encarar o espiritualismo.

Não imaginemos que somos os únicos detentores da Verdade; não nos amesquinhemos a forma diferente de amor a Deus dos nossos semelhantes, julgando a nossa elevada e a deles inferior.

Tenhamos uma grande fé no poder da caridade; pensemos sempre na nossa inferioridade sem par, quando quisermos ferir os nossos irmãos com os nossos pensamentos atos ou palavras; façamos um grande esforço para atrair sobre nós um doce olhar de Jesus e creio que conseguiremos vencer o nosso pequenino eu mesquinho, esmagando-o, reduzindo a nada, mostrando-nos a nós mesmos tais como somos, fazendo ressaltar as nossas grandes imperfeições, todas as vezes que quisermos arrogar-nos o direito, que só cabe à Divindade, de julgar os nossos semelhantes.

Amemo-nos uns aos outros. Só cumprindo o mandamento do Cristo é que poderemos ser dignos d'Ele.

AUXILIARES INVISÍVEIS

O Semanário, n. 121, 7 de agosto de 1958

Revelações sensacionais do médico Lauro Neiva!

Caso da esquizofrênica – Nesse tempo, ainda me enfronhando em parapsicologia, não havia assistido a nenhuma sessão espírita, no Rio. De repente, antes de sair do consultório me veio ao cérebro a ideia de ir à Tenda Espírita São Jerônimo, na Rua Visconde de Itaboraí, n. 8, sobrado. O Senhor José Alvares Pessoa, seu presidente, me recebeu com toda a cordialidade, facilitando-me a apreciação de todos os fenômenos.

Lá pelas 22 horas, um médium magro e risonho, Senhor Moacir Gomes da Silva aqui!"

– Vim aqui, meu caro, a convite do Capitão Pessoa.

"O Capitão Pessoa já te convidou há oito meses!"

Quem era aquele, – pensei eu fazendo cálculos – que sabia, com precisão, o tempo do nosso conhecimento? E ajuntei:

– Quem é você?

"Rompe Mato".

... ?!

"Rompe Mato", – acrescentou o Senhor José Alvares Pessoa, é uma entidade que se apresenta com esse nome, mas que possui a luminosidade dos seres espirituais superiores.

"Quem te trouxe aqui, 'cartola', fui eu".

– Por que?

"Porque, 'cartola', não queres mais tratar daquela doente que veio de tão longe. Qual a razão?"

– Fulana?

"Sim".

– Porque, meu caro, não quer cooperar, e pouco adianta insistir, nos tratamentos difíceis, dispendiosos e muito perigosos, com esses pacientes não cooperativos.

"Mas tu foste escolhido por Deus para curá-la, e eu vou

ajudar-te. Outra vez qualquer que precisares de ajuda, concentra-se, e pensa em Rompe Mato".

– E de que maneira você pode me ajudar?

"Quando tu fores vê-la depois de amanhã...".

– Eu vou vê-la amanhã, aliás todos os dias.

"Amanhã, 'cartola', tu não vais".

– Vou, meu caro, pois tenho, também, outros doentes fazendo insulinoterapia, e a assistência tem que ser diária.

"Mas amanhã, 'cartola', tu não vais".

– Por que? Vai acontecer alguma coisa a mim?

"Não. Quero, apenas, que tu sintas o poder de Rompe Mato. Quando, depois de amanhã, tu fores ao hospital, a tua cliente, como de costume, não cederá à ideia do choque elétrico. Então, concentra-te, pensa, com fé, em Rompe Mato, e imediatamente ela concordará em que tu dês quatro choques, aplicado o primeiro dentro de sete dias. Logo após a sua alta, vem aqui falar comigo".

Ao chegar à minha residência, pedi à minha senhora que me desse o despertador, a fim de me levantar às cinco e meia da manhã.

"Por que mais cedo", perguntou a minha senhora. "A copeira vem trazer o café às seis".

Coisa surpreendente: só acordei às nove horas, o despertador não tilintou e a copeira não me havia, ainda, trazido o café.

Minha senhora, vendo-me espantado, explicou: "Não sei por que o despertador está travado! Quanto à copeira, esqueci-me de dizer que o Paulo (nosso filho) não tinha aula hoje e, portanto, não abriu a porta lá debaixo, e a copeira não pode subir".

Rompe Mato venceu e só fui ao hospital no outro dia, isto é, "depois de amanhã". A cliente, como sempre, apresentou as suas recusas, alegando que estava melhor. Eu insistia no eletrochoque e, lembrando-me daquela entidade, concentrei-me.

"Como o Senhor se transformou, Dr. Neiva! O Senhor está zangado?! O Senhor pode esperar, pelo menos, uma semana? Se eu não me sentir completamente boa, permito que faça, somente quatro choques!"

Uma semana depois, exatamente sete dias, apliquei-lhe o primeiro choque. E só foi preciso, mesmo, a aplicação de quatro choques! Dei-lhe alta, e fui agradecer ao Rompe Mato.

Rompe Mato, vendo-me, fez como da primeira vez. Aproximou-se alegre, bateu-me no ombro e foi me dizendo: "Então, 'cartola', aconteceu ou não aconteceu o que eu te disse?! O despertador bateu?! A empregada te levou o café?! Foste ao hospital naquele dia?! Só fiz isso, meu filho, para sentires o poder de Rompe Mato! Tu tens muita receptividade e Deus, por nosso intermédio, te ajudará!"

Rompe Mato – Nem bem chegava em Belém, em uma visita à minha mãe, quando me chamaram ao telefone, pedindo-me para ver uma doente na Rua Braz de Aguiar, número tal. Não me declinaram nenhum nome. Fui. Aproximando-se do portão, notei que uma senhora vinha saindo à rua. Falei-lhe do chamado, explicando que era psiquiatra do Rio, de passagem por Belém, e que, como todo especialista, deveria ter alguma coisa de maluco.

Aquela senhora riu, mandou-me entrar e chamou o marido. Após nova explicação, disse aquele senhor:

"A minha senhora, doutor, vem sentindo, há tempos, umas coisas muito esquisitas; mas eu, por oposição dela, ainda não chamei nenhum médico. Ainda ontem, à noitinha, ela teve um ataque de nervos, caiu para trás e me disse que um doutor, a mando de Rompe Mato, viria vê-la hoje, para curá-la. Quem foi que lhe mandou aqui, doutor?!

– Rompe Mato, meu senhor!

De volta ao Rio, fazendo uma visita à Tenda Espírita São Jerônimo, lá me encontro com o mesmo médium que, batendo-me no ombro, me diz:

"Obrigado, 'cartola', pela cura de meu cavalo, em Belém!

JANGADEIRO DO BEM

André Filho

(Ao estimado mestre Capitão José Alvares Pessoa)

O Semanário, n. 124, 28 de agosto de 1958

Jangadeiro! Jangadeiro! Dirige bem a jangada!
Olha o vento, jangadeiro! Olha a onda encapelada!
Serena bem, jangadeiro, o barco da Caridade!
É dentro dele, que um dia, te abraçarás com a Verdade!
Ao longe, no azul do céu, eu vejo, me deslumbrando
Luzes lindas. "Quatro Luas" – teu caminho iluminando!
Voga em frente, jangadeiro! Mão no remo e fé em Deus!
A vida só tem espinhos e rosas só há nos céus!
Rema, rema, jangadeiro! Dirige a tua jangada!
E escuta, nas tuas preces, a clarinada do espaço,
Cintilando ao som de um hino de bênçãos e alvorada!
Pressinto até que Xangô se alegra com teu sorriso,
E chora nas tuas lágrimas, orvalhando o Paraíso!
Salve, amigo! Salve, irmão! – Que a tua humilde jangada,
Singrando as ondas revoltas, leve em seu bojo, pesada,
Os filhos de São Jerônimo, e os Guias lá de Aruanda,
Abraçados na Bandeira de Jesus – o Rei da Umbanda!

O VÉU DA UMBANDA

José Alvares Pessoa

O Semanário, n. 142, 8 de janeiro de 1959

> Eu sou a luz do mundo; o que me segue não anda em trevas, mas terá a luz da vida.

Aquele que pronunciou estas palavras está conosco, porque Umbanda é de Jesus.

Se Ele é a luz do mundo e se pode dar luz a vida, é porque Ele é o próprio Senhor da Vida e assim sendo é o Senhor do Mundo e de tudo quanto nele existe.

Ele mesmo, interpelado pelos judeus, declarou: "Eu sou o princípio" e mais adiante: "Antes que Abrahão fosse, Eu sou".

Se Ele é o princípio e se todas as coisas lhe estão sujeitas, se todas as coisas passaram por Ele, as religiões inclusive, é claro que a Umbanda é banhada pela sua luz divina, obedece a um programa por Ele pré-estabelecido, que nós ignoramos.

Daí, tantos mistérios que nós não conseguimos desvendar e que à proporção que formos evoluindo, nos serão elucidados, porque é preciso que nos convençamos da verdade insofismável de que a Umbanda ainda não foi revelada.

Quem, dentre nós, sabe o que é Umbanda? Quem pode no presente momento dar de Umbanda uma definição precisa, absoluta, que ninguém possa impugnar?

Será a Umbanda puro Espiritismo? Nós todos sabemos que não. Se lidamos com espíritos, se os nossos trabalhos são feitos por espíritos, ainda assim seria absurdo declararmos que Umbanda é puro Espiritismo.

Antes de tudo podemos afirmar que em Umbanda se encontra um pouco de todas religiões porque Umbanda é um sincretismo religioso onde predomina a magia, que é a mais antiga de todas as manifestações espirituais.

É verdade que, contrabalançando com a magia temos as manifestações espíritas e então podemos acrescentar a nossa primeira asserção que Umbanda é a religião dos magos praticada por espíritos que incorporam em nossos terreiros.

Todavia não podemos acrescentar que esses espíritos já tiveram carne, porque nada sabemos sobre eles. Damos-lhes ambiente material para a realização de seus trabalhos, cuja orientação é unicamente deles; mas a respeito quer deles quer dos trabalhos quase tudo ignoramos e apenas sabemos aquilo que nos querem declarar e que vem a ser quase nada.

Na humilde singeleza com que se apresentam nos nossos terreiros, para fazerem a caridade que espalham a mancheias, os Caboclos e Pretos Velhos encontram o seu melhor disfarce conservando-se envoltos num véu de profundo mistério.

Impenetrável segredo. Quem já o conseguiu desvendar? Quem recebeu a revelação? Quem pode garantir que os espíritos trabalhadores de Umbanda tiveram vida encarnada nestes últimos dois mil anos? Quem ousará declarar mesmo que em alguma época já o tiveram? Quem já ouviu dizer que um espírito desses foi nosso pai, nosso irmão ou parente remoto numa vida passada?

Enquanto as manifestações espíritas kardecistas fazem-se notar pela identificação dos que baixam, em Umbanda essa identificação não poderá jamais ser feita. Enquanto nas manifestações kardecistas os espíritos são invocados e cada um de nós pode procurar porque em contato com os entes queridos que desencarnaram, em Umbanda as entidades que baixam, o fazem espontaneamente obedecendo a uma determinada orientação com um programa assentado e uma missão por eles mesmos escolhidos.

Até mesmo nos terreiros em que se trabalha para o mal, na Quimbanda onde se pratica magia negra, constatamos que as entidades são senhoras de si, põem em movimento forças inteligentes e produzem fenômenos capazes de confundir os sábios. O estudioso que quiser terá oportunidade de observar esses fenômenos surpreendentes porque essas entidades dispõem de forças para nós desconhecidas que dominam a seu bel prazer realizando atos que contrariam todas as leis físicas.

Temos a impressão de que espíritos que trabalham em Umbanda habitaram em épocas remotas, continentes hoje submersos, que atingiram o mais alto grau de civilização, civilização nunca até hoje atingida e que com eles desapareceu.

Que viriam, pois, eles fazer num mundo completamente novo habitado por espíritos que lhe são inferiores em evolução, espíritos talvez, de planetas mais pesados que vieram a terra alcançar mais um grau de conhecimento? Eles não poderiam viver em comunhão com esses espíritos, o que é fácil de compreender.

Enquanto aguardam que a atual humanidade atinja o grau de evolução já por eles atingido, formam no espaço as falanges de instrutores que nos preparam para recebê-los dando-nos ensinamentos, mitigando nossos sofrimentos, transmitindo-nos conhecimentos profundos da magia e das ciências esotéricas.

Os próprios Exus dão-nos a impressão de que jamais tiveram corpo físico constituindo só por si um profundo mais terem a desvendar.

Não serão esses espíritos aqueles que, manejados pelos

Devas põem em ação as forças da natureza? Como compreender-se a inteligência de que alguns deles são possuidores? Verdadeiros alquimistas, eles realizam trabalhos de surpreendente eficiência maravilhando os que assistem.

É preciso não os confundir com os espíritos que vulgarmente são chamados de "obsessores" e "sofredores". Esses são todas as entidades que, por qualquer circunstância e movidos por sentimentos às vezes, de ódio, de despeito e de vingança – e muitas vezes até de amor e de vontade de fazer o bem – se aproximam dos encarnados, com o fim de atingir qualquer objetivo.

Os Exus formam uma raça puramente espiritual e sobre eles o mistério é quase impenetrável. Entre eles há entidades de imensa sabedoria; são senhores absolutos da magia e o trabalho que realizam é quase sempre magistral.

Diz uma entidade de minha absoluta confiança, que eles são em muito pequeno número. Muito poucas entidades podem ser chamadas de Exu. A sua tarefa é árdua; eles carregam sobre os ombros a desgraça da humanidade, limpam o planeta da imensa carga de fluidos pesados que o envolve, aliviam o sofrimento da humanidade.

Que força possuirão a ponto de dominarem a matéria de seus médiuns tornando-os absolutamente inconscientes insensíveis e até mesmo incombustíveis?

Praticarão eles o mal como se diz vulgarmente, ou serão apenas instrumentos da execução do karma, cumprindo sem discussão as ordens emanadas da Suprema Justiça.

Porque atenderão eles os pedidos que lhes são feitos para realizar qualquer coisa em prejuízo de alguém. Não o sabemos, porque também ignoramos os motivos que os levam a atender os que são feitos para o bem.

Sabemos, porque, que sob sua chefia trabalham milhões de seres absolutamente inconscientes, forças cegas que executam sem discussão as suas ordens, conhecidos em todas as religiões como elementais.

Que missão terão no planeta os Omulus? Não me refiro ao grande Omulu, que faz parte da trindade da Umbanda na qual representa o poder de destruição. Refiro-me sim aos que pertencem às suas inumeráveis falanges e aos quais vulgarmente chamamos de espíritos dos cemitérios.

Se sua missão é a destruição, por que motivos eles têm filhos prediletos a quem protegem carinhosamente? Essas entidades possuem também uma grande inteligência, que se poderá notar na sutileza e na sabedoria dos seus trabalhos. São outros tantos magos cujo mistério ainda não desvendamos e, como Exus, formam também uma raça espiritual, cuja missão ainda não está bem definida.

Tudo quanto podemos afirmar é que nem os Exus nem os Omulus são entes desencarnados que estão dentro do ciclo das reencarnações. Não se trata dos espíritos dos mortos, que se podem identificar com os nossos amigos ou parentes desencarnados que tivessem pertencido a esta ou aquela época, porque esses espíritos não têm idade e acompanham o mundo na sua evolução.

De qualquer modo, quer se trate dos Exus ou dos Omulus verificamos a cada passo que todos eles obedecem a orientação do Arcanjo São Miguel notando-se a verdadeira adoração que mostram quando incorporados, por essa entidade a invocação de cujo nome se prosternam, em sinal de respeito e obediência.

Como compreender-se que do fundo das trevas se eleva uma tão grande devoção, essa profunda adoração pela mais alta luz?

Se eles são realmente como dizem espíritos das trevas, como entender-se semelhante mistério?

E como compreender-se que eles estão sempre dispostos a atender aos pedidos que lhes são feitos para o bem quer seja para o mal?

O que podemos afirmar é que eles atuam nas nossas imperfeições.

E as manifestações das falanges dos Ibejis? Quem nos poderá revelar a verdade sobre elas? Apresentando-se sob a figura de crianças que vivem brincando eternamente, realizam, entretanto trabalhos da mais alta magia, manejando com uma segurança impressionante, as forças da natureza das quais conhecem perfeitamente os segredos.

Só aos descuidados e aos ingênuos escapará o verdadeiro sentido dos seus trabalhos misteriosos, realizados com disfarçada infantilidade obedecendo sempre a um programa por eles mesmo pré-estabelecido.

Um dos maiores mistérios da Lei de Umbanda é a respeito do chamado povo do mar presidido por Yemanjá. Que espécie de entidades serão essas detentoras de tão grandes poderes, e às quais se prestam as maiores homenagens e se fazem as mais estranhas oferendas? Porque ninguém vai imaginar que são peixinhos que recebem as flores, as fitas, as miçangas, os espelhos, as joias, os perfumes que os filhos de Umbanda entregam no mar.

Serão espíritos de marítimos, de praieiros, de gente que viveu na terra em contato diário com o mar? Ou será uma humanidade especial, diferente da nossa e que não podemos ver?

Mistério, tudo é mistério em torno de nós.

O que podemos constatar é que no mar se faz a mais alta magia e os espíritos chamados vulgarmente "povo do mar" são dotados de poderes sobrenaturais e realizam verdadeiros milagres.

Não poderíamos compreender por que as mais altas entidades nos obrigam a fazer severos preceitos e as mais respeitosas oferendas ao mar, se nele não existe alguma coisa de profundamente misteriosa e relacionada com os mais profundos trabalhos de magia.

E os Orixás? Quem nos dirá o que são eles? Não me refiro aos grandes Orixás, como Oxum, Iansã, os Ibejis etc., identificados com os santos do cristianismo, mas aos Orixás que incorporam nos nossos terreiros e que não são de modo algum, as entidades descritas pelos antropologistas e sociólogos que, no Norte do Brasil estudaram os trabalhos de magia, através das manifestações com o ritual puramente africanista; não são tampouco, as entidades que os médiuns, na sua ignorância, costumam assim denominar, confundindo-os até mesmo com as forças cegas.

Os Orixás que realmente merecem este nome, verdadeiros meteoros, dispõem de uma soma de poder considerável, tem o mais profundo e o mais perfeito e o mais completo conhecimento da magia; trazem consigo uma carga fluídica de força verdadeiramente arrasadora, sendo a sua manifestação a mais misteriosa que nos foi dado assistir.

Que espécie de entidades são eles? Será um Orixá um raio que fulmina, desferido pela força de Xangô? Será a flecha sanguínea partida do arco retesado de Oxóssi? Será o aço incandescente da espada de Ogum?

Não o sabemos; o que nos é dado ver quando baixam os Orixás Chefes,[16] é que os terreiros estremecem até os seus alicerces, os cambonos assustam-se comovem-se; os presidentes medem a tremenda responsabilidade que lhes pesa nos ombros.

Eles não falam, apenas balbuciam algumas palavras e debaixo do ritual que é o mais complexo, pedem a pemba, riscam um ponto e resolvem o problema. Vinte e quatro horas depois se vê o resultado; "sim" ou "não" conforme eles tenham anunciado.

Umbanda é grande e cheia de mistérios; é a única religião que aplica a magia de uma forma positiva, constata-se, por isso mesmo, uma religião com base científica.

Espíritos de Umbanda não fazem questão de nome; ultrapassaram de há muito o terreno em que a vaidade leva a criatura a desejar ser alguém, ter posição social. Apresentando-se sob a forma mais humilde, dão-nos lições constantemente, provocando-nos que nada somos. Das suas manifestações decorrem coisas extraordinárias, de onde extraímos lições muito profundas.

Seria concebível que entidades que viveram nos áureos tempos do Egito, da Índia, da Assíria, quando suas civilizações atingiram o apogeu pudessem viver hoje ombro a ombro conosco, neste mundo de matéria? Quem uma vez já viveu uma vida de renúncias, de meditação, e de estudo no silêncio dos templos, não poderá nunca mais perder-se no meio da multidão ávida de novidades e de fantasia, ombrear-se com esta humanidade tão fútil, que só pensa na realização de coisas materiais.

Daí a necessidade que eles têm de ficar velados até que um eleito de Deus venha nos revelar o seu impenetrável segredo.

[16] Uma dessas entidades é o Orixá Malet que se manifestava através da mediunidade de Zélio de Moraes (Nota de Diamantino Fernandes Trindade).

A tendência do homem é para modificar as coisas, corromper a essência, torcer a verdade, de modo a satisfazer o seu desejo, que é sempre muito terreno, quase nada espiritual.

Não nos esqueçamos da que trazida pelos africanos para o Brasil há quase 500 anos, Umbanda foi deturpada não só por aqueles que a nos fizeram conhecer, como também pelos que aqui a receberam. Atormentados pelo chicote dos brancos, os negros, que talvez no seu solo natal só se valessem da magia para a realização de coisas benéficas, como represália e vingança, começaram a desvirtuar a sua aplicação. Os brancos estudando o feitiço dos negros gostaram da história e assim começou-se a propagar a magia no Brasil, despida do seu lado puramente espiritual, que é justamente o que a nivela às grandes religiões.

Desse modo, Umbanda foi se infiltrando em todo território brasileiro, tendo sempre sido levada à conta de feitiçaria, africanismo, animismo fetichista.

Quem estuda com atenção a Lei de Umbanda, tem a sua consciência despertada para a Linha das Almas onde deve encontrar-se a chave para a descoberta dos seus mistérios. Grandes são os obstáculos para penetrar nos segredos e alcançar alguma coisa da sua verdadeira essência.

Não porque a Linha seja desconhecida; é possível mesmo que o fenômeno seja devido ao fato de ser ela apenas mal conhecida, tendo-se realizado a sua divulgação através de elementos de cultura de muito baixo nível apesar de grandes cultivadores do feitiço.

Trazida para o Brasil pela leva de negros importados como escravos, lenta foi a propagação do culto de Umbanda limitado durante mais de dois séculos aos terreiros das fazendas, sem merecer da gente culta o menor olhar de curiosidade. Parece mesmo que o primeiro cientista que se lembrou do estranho rito para examiná-lo à luz da ciência foi Nina Rodrigues com os seus magníficos estudos; *Os africanos no Brasil*, *Animismo fetichista dos negros baianos* e outros, tendo-se lhe seguido Arthur Ramos e mais alguns etnógrafos e sociólogos de renome.

De qualquer modo, se a Umbanda foi estudada à luz da

ciência por alguns nomes de excepcional cultura, que divulgaram seus ritos, a sua mitologia, o seu folclore, ninguém apareceu ainda, com tamanha sabedoria e igual sensibilidade, que pudesse penetrando os seus mistérios arrancar o véu que a envolve para mostra-la tal qual é aos seus devotos deslumbrados.

Porque a verdade é que Umbanda ainda não foi revelada; o que existe sobre ela ou são livros científicos, cujos autores desprovidos da mais insignificante centelha de espiritualidade, só puderam mostrá-la como fenômeno social e etnográfico, ou então os números e pequenos ensaios de homens de boa vontade, mas de muito pouca ou nenhuma cultura, que apenas tem contribuído para a desvalorização de seu culto, nivelando-o a uma baixa forma de superstição e feitiçaria.

E enquanto isso ocorre, Umbanda nos terreiros humildes, desafiando os doutores que a combatem sem tréguas, a maldade dos que a perseguem sem piedade, o pedantismo dos grã-finos que a buscam às escondidas quando desesperam de solucionar os seus problemas, Umbanda continua a realizar maravilhas, sem que as explicações que dão a seu respeito possam satisfazer os espíritos ávidos da verdade.

Umbanda é um mistério dizem os seus adeptos. Esquecidos de que os mistérios costumam ser revelados aos que se põem em forma para receber a elucidação.

Se os partidários de Umbanda tivessem um pouco mais de atenção na chamada Linha das Almas talvez já tivesse sido desvendado o mistério, porque como já dissemos, a Linha das Almas é a chave dos mistérios da Umbanda.

Laboratório onde se processa a mais transcendente alquimia pelos trabalhos que os Pretos Velhos, Caboclos, as Crianças, os Exus e os Omulus realizam nos terreiros, a Linha das Almas é tudo em Umbanda e é composta pelas maiores como pelas mais ínfimas entidades conscientes no plano astral. Porque o que nós chamamos defunto – ou seja das almas dos nossos mortos –, pouca ou nenhuma consciência tem no plano astral não podendo nem devendo, em hipótese alguma serem confundidas com os trabalhadores do Além.

A alma do que morre precisa de repouso para depois aproveitar as lições que aprendeu na época da prova por que passou no planeta a fim de reencarnar para uma nova prova.

O trabalhador da Linha das Almas – e o são todas entidades da Lei de Umbanda – não é a alma do nosso pai ou da nossa mãe ou dos irmãos e amigos que se foram. Porque ninguém, pelo fato de ter morrido, adquire num plano astral conhecimento que nunca teve no plano físico onde a consciência se manifesta através do corpo humano.

E como poderá realizar trabalhos de magia de tão difícil execução, almas que desconhecem até mesmo a existência da magia e que a negam?

O estudioso que observar esses trabalhos verá que os há os mais estranhos e realizados ora um, ora com qualquer dos outros elementos. Há trabalhos feitos com água; feitos com fogo; com terra, com o próprio ar. É uma verdadeira maravilha. Como são feitos? Quem os executa? Quem maneia a força dos elementos necessários à realização desse ou daquele milagre? Porque às vezes assemelham-se a milagres.

A resposta à angustiosa pergunta se encontra pois na Linha das Almas.

Mas porque "Linha das Almas"? Deve haver um erro nessa designação. "Linha das Almas" por quê? Se todas as entidades nela trabalham? Nela veem-se os Oguns, os Orixás, as Crianças, os Pretos Velhos, Exus, Omulus, enfim todos os trabalhadores de Umbanda! Dessa forma sendo "alma" o termo com que se designa comumente o "desencarnado" e não trabalhando Umbanda com os espíritos dos mortos, a designação "Linha das Almas" é inadequada, pois até hoje ninguém identificou a morte ou o renascimento das entidades de Umbanda. Em todo o caso bem ou mal empregado o termo, a Linha das Almas é, sem dúvida, um laboratório onde o alquimista, o mago, o santo, o feiticeiro, o impuro, o divino e o trevoso vão encontrar as reações necessárias a materialização de seus pensamentos, da sua mente e da sua vontade; das expansões dos bons ou dos maus sentimentos; do seu amor a Deus ou ao Diabo. É o armazém onde se vão buscar as substâncias precisas para as composições necessárias aos trabalhos para a vida ou para a morte. É uma biblioteca onde se encontram os livros escritos do mundo inteiro, uns tratando das ciências, outros dos evangelhos sagrados, outros de trabalhos de feitiçaria, outros ainda de sexo e devassidão.

Os apaixonados encontram na Linha das Almas o elixir do amor, os maus o veneno que mata. Ela pode unir ou desunir as almas e separar ou unir os corpos. A terra e o astral que lhe corresponde se encontram e os magos e feiticeiros nela acham fluidos de que necessitam para suas operações. O seu grande e imenso laboratório é o próprio plano astral; o material cujas reações provocam são os próprios elementos de que é constituído o nosso planeta. As grandes entidades com a sua mente divina, arquitetam os maravilhosos trabalhos de magia ordenando a sua execução aos moradores de cada elemento, ou seja, aos próprios elementais.

E nessa luta incessante, sempre a favor da humanidade sofredora, com o objetivo de diminuir as suas penas, a sua prova e também para aumentar a sua fé na realização de uma vida melhor passam-se séculos, passam-se milênios – dia e uma noite Brahma – e a Linha das Almas, laboratório do mudo astral, continua misturando os elementos para alcançar a sublime reação que fará da humanidade o rebanho do Senhor.

UMBANDA E A KARMA YOGA

José Alvares Pessoa

O Semanário, n. 153, 2 de abril de 1959

Parodiando alguém, cujo nome não me ocorre, que disse que o amor é eterno e por ser eterno se renova, ocorre-me dizer que a vida é eterna e por ser eterna se renova. E como ela é eterna e se renova a cada passo, vamos e voltamos em etapas sucessivas; e de acordo com as nossas ações nos cabem encarnações de felicidade e de fartura ou de dores e de sofrimentos. Ora, se quisermos ser sempre felizes nas diversas etapas porque temos de passar, a fim de atingir a perfeição, o nosso primeiro cuidado deverá ser o de jamais praticar um ato que possa redundar em malefício para o nosso semelhante.

"Quem com ferro fere, com ferro há de ser ferido", são as palavras que encerram um mundo de ensinamentos que não devemos esquecer.

É preciso que tenhamos sempre presente que a lei é igual para todos e que só sofrem os seus rigores os que a infringem. Ninguém paga pelos pecados de outrem; a afirmação popular de que "pagam os filhos pelo mal que os pais fizeram" é monstruosa. Cada um pagará a sua própria dívida e para isto vem ao ambiente propício a tal resgate. De forma que quem nada deve, nada tem a pagar; quem deve pouco, pouco paga; e quem deve muito paga a sua dívida até o último ceitil.

Partindo deste princípio, aquele que tem capacidade para raciocinar sobre os ensinamentos dos Mestres, prepara-se para tirar o melhor partido, a fim de aliviar as suas futuras provas.

E qual será o melhor meio de conseguir a realização deste desiderato? "Viver para servir a humanidade é o primeiro passo", porque o devoto egoísta vive inutilmente.

Servir a humanidade sem se preocupar com a gratidão ou a ingratidão dos homens; sem desejar outra coisa senão através dos atos de bondade, servir a Deus e ainda assim sem aspirar a qualquer recompensa; servir a humanidade aliviado e sem sofrimentos materiais, morais e espirituais; não ser dono de si mesmo, para devotar-se exclusivamente ao amor dos seus semelhantes. Isto é caridade verdadeira.

Nos compêndios orientais de doutrina religiosa isto é chamado Karma Yoga, ou o caminho para a realização de Deus por meio da ação. Karma é uma palavra sânscrita que significa ação. Yoga quer dizer união. Como sabemos, há vários caminhos que nos levam à união com Deus. Há o da devoção, o da sabedoria, o do desenvolvimento das faculdades intelectuais e o da ação, ficando a sua escolha ao critério de cada um.

Karma Yoga ou o caminho pela ação, ensina-nos que para realizarmos a nossa tarefa de modo a colhermos o fruto das boas ações que praticarmos é necessário antes de tudo não nos apegarmos às obras que fizemos. O crente tem que se desinteressar absolutamente de qualquer recompensa que dos seus bons atos lhe possa advir. Ele não se preocupar com a gratidão ou a ingratidão dos homens, porque o seu único objetivo é fazer o bem!

Umbanda – humilde e despretensiosa – representa entre

nós o Karma Yoga dos hindus. Porque em Umbanda somos ação. Em Umbanda só nos preocupa o bem estar e a felicidade dos nossos semelhantes, sem cogitarmos de qualquer recompensa em troca do que fizermos.

Bem sabemos que isto mesmo, todos os que frequentam os nossos terreiros, que podem verificar por si mesmos, e de certo já o fizeram, como noites a fio humildes criaturas desistem do descanso que lhes é reservado depois dos ásperos labores do dia, para vir prestar o seu concurso. As misteriosas entidades que durante horas sem conta dispensam a sua caridade e a sua proteção aos que batem às nossas portas.

Já por certo tem sido objeto de cogitações os benefícios que as humildes Tendas de Umbanda vêm espalhando há tantos anos, tendo já mesmo ultrapassado as fronteiras do Distrito Federal, fazendo que aos diversos centros compareçam criaturas de outros Estados da Federação. E se isto ocorre, por certo já terão todos verificado que é única e exclusivamente porque a caridade que praticamos é aquela mesma que foi pregada por Nosso Mestre Jesus Cristo. É a caridade sem o desejo de recompensa; é a caridade isenta de qualquer egoísmo; é o amor fraterno que nos leva a fazer ao nosso próximo só aquilo que desejamos, seja feito a nós mesmos.

Caridade é amor, não é esmola, ainda uma vez o repito; e amor é o que distribuem diariamente os Guias das Tendas de Umbanda através do trabalho humilde dos seus médiuns.

Não pode haver ambiente mais humilde do que este em que trabalhamos; não vestimos seda, não temos imagens ricas, nem ricos altares; não recebemos dinheiro pelos trabalhos que fazemos. Não há preconceito ou de classe entre nós; somos todos iguais e confraternizamos ao amor de Nosso Mestre Jesus, procurando realizar algo que nos faça dignos d'Ele.

O mesmo ideal é um e único; espalhar, sem olhar a quem, e sem esperar recompensa, os benefícios que a bondade dos nossos Guias nos permite fazer, servindo-se das nossas faculdades mediúnicas.

Bem sabemos que por muitos somos maltratados e até mesmo identificados como feiticeiros, macumbeiros etc. Mas a nossa fé não se abala por tão pouco, e cada injúria é um incentivo maior para dedicarmos ao bem estar. A felicidade dos nossos semelhantes os momentos que nos são reservados para o nosso repouso.

Quando nos chegam ao conhecimento as notícias de inúmeros frequentadores das nossas Tendas que obtiveram as graças que desejavam, foram aliviados das penas que os afligiam, sararam de moléstias julgadas incuráveis então temos a grata satisfação de nos sentir bem aquinhoados pela misericórdia divina, que proporcionou aos nossos Guias a força necessária para fazerem a caridade por nosso humilde intermédio.

E nesta satisfação não vai nenhuma vaidade, porque bem sabemos que somos meros instrumentos da bondade de Deus; nada, por nós mesmos, podemos realizar, a não ser emprestar com boa vontade e humildade os nossos pobres corpos, cansados da trabalheira diária, aos Pretos Velhos e Caboclos que na surdina realizam verdadeiros milagres, convencidos como estamos de que, como ensinou Vivekanada, "não há religião, sem lei, superior à de servir aos homens".

Umbanda e Karma Yoga.

Uma – Umbanda – a humildade de religião dos Pretos Velhos, pouco conhecida, desprezada e não raras vezes ultrajada; outra – Karma Yoga – comunhão com Deus mediante a obra, o caminho da ação, um dos ramos da filosofia Yogi que "ensina que o fim de todos os esforços humanos e de toda a vida é desenvolver a alma até que chegue a unir-se com o Espírito". São ambas absolutamente iguais, porque Umbanda também é o caminho da ação. E trabalhando pela humanidade, sem nos ligar à obra, que fazemos Umbanda. Não nos envaidecemos com os resultados obtidos, não nos preocupamos com a gratidão dos que são beneficiados, não procuramos aparecer.

Apenas o nosso trabalho é feito com devoção e amor a Deus e ao nosso semelhante. A nossa missão ainda se identifica com os ensinamentos de Vivekananda, quando dizia aos seus discípulos: "O nosso dever consiste em reanimar as massas vergonhosamente atraiçoadas, exploradas, envilecidas por aqueles que tem o dever de ser seus guias e seu apoio, porque Umbanda é dos humildes, dos pequeninos, dos desprotegidos, dos miseráveis, dos que tem fome, dos que andam nus. Com isso não quero dizer que ela também não abra os seus braços amorosos ao rico e ao poderoso que, movido pela fé ou pela desgraça, lhe venham a bater às portas. É preciso, entretanto, que fique bem claro que Umbanda é dos humildes. E seguindo o exemplo de Jesus que, durante o tempo em que viveu na terra, morou sempre, ora com o pescador Pedro, ora com o aguadeiro Hillel, ora entre prostitutas e gente de má fama (porque esses são os que mais necessitam de caridade) e nunca entre os ricos e poderosos; é seguindo o seu exemplo, repito, que as nossas portas vivem abertas para todos indistintamente, sem preconceito de cor, de classe ou de credo. Nas nossas casas o preto é igual ao branco, ainda que o branco seja portador de título de nobreza; o miserável que pede esmola igual ao milionário; a criatura que peca igual à virtuosa.

É preciso não esquecermos de que são esses que sofrem, e não os que tem a seus pés as riquezas e os gozos materiais, que necessitam da caridade dos nossos Guias admiráveis, que a cada instante nos incentivam à prática da maior humildade, eles que se despem das glórias espirituais a que tem direito para comparecer aos nossos terreiros camuflados de Pretos Velhos, usando nomes irrisórios.

E com os que padecem de fome e que não tem o que vestir, porque não tem mesmo às vezes um emprego dos mais humildes, que devemos repartir a caridade que se faz nas Tendas de Umbanda, tomando-se ainda como exemplo o incomparável Vivekanada, que levava o seu amor pelos desgraçados a tal ponto que dizia: "enquanto houver em meu país um só cachorro sem comer, toda minha religião consistirá em alimentá-lo; o meu Deus são os miseráveis; minha religião os famintos de todas as raças, para mostrar aos seus discípulos quão absurdo é perder-se o espírito em contemplação, entrar em êxtase, quando ao seu redor milhares de criaturas padecem os mais dolorosos sofrimentos e morrem à míngua de qualquer socorro humano".

Como já dissemos, a Lei de Umbanda é o Karma Yoga do brasileiro.

É no humilde, mas afanoso trabalho dos seus médiuns, a serviço das entidades misteriosas que realizam milagres de magia que os aflitos, os desgraçados, os desempregados, os doentes, os obsedados, encontram lenitivo para as suas dores, descanso para as suas fadigas de corpo e alma, solução para os seus quase insolúveis problemas.

É através da abnegação de um pequeno grupo de trabalhadores de condição humilde que encontram alívio para as suas dores, pretos e brancos, ricos e pobres, letrados e incultos, todos amargurados, quando não destroçados, por um sofrimento qualquer, de ordem material, moral, psíquico, espiritual.

Umbanda, a misteriosa, abre suas portas para todos, não distingue quem quer que seja, dá-se de corpo e alma sem descobrir, porém, o seu segredo, sem descerrar o véu que a envolve, porque a verdade é que até hoje ainda não foi escrita, nem sequer revelada, a verdadeira história da Umbanda.

Livros há, sem conta. Todos nós tentamos dizer algo sobre tão palpitante assunto, mas Umbanda continua envolta ao seu mais profundo mistério. A verdadeira história da Umbanda ainda não foi contada. E é pena, porque a sua história deve ser, como a história de qualquer das grandes religiões, um perfeito ensinamento da verdadeira ciência oculta, que não tem idade.

SÃO JERÔNIMO E A LEI DE UMBANDA

José Alvares Pessoa

O Semanário, n. 179, 3 de outubro de 1959

Há mil e seiscentos anos na pequenina cidade de Belém, pequenina por seu tamanho geográfico, incomensurável por ter sido o berço do Cristo, em um dia 30 de setembro fechava os olhos na paz do Senhor, e na mesma gruta onde nascera Jesus, o maior Santo do Cristianismo – São Jerônimo, depois de uma luta áspera e sem tréguas que durou sessenta anos, mais ou menos.

Nascera em Stridon, na Dalmácia, região montanhosa e semibárbara, no dizer do próprio São Jerônimo, no ano de 331, segundo uns, segundo outros, no ano de 340.

Filho de família abastada que tudo empenhou no sentido de lhe proporcionar a mais esmerada educação, novo ainda foi Jerônimo para Roma, onde em companhia de alguns amigos de infância, deveria aprimorar a sua cultura, com os mestres mais afamados da época.

Espírito dotado da mais rara inteligência, em pouco tempo Jerônimo fazia nome, atraindo sobre si a atenção de toda Roma, sendo a sua presença exigida no seio da mais ilustre e representativa sociedade.

À sua cultura verdadeiramente surpreendente aliava ele as qualidades do espírito, a pureza perfeita dos costumes, o seu profundo e entranhado amor por Nosso Senhor Jesus Cristo e uma inclinação marcada para a direção das almas. Já então, 18 anos apenas, era ele o conselheiro, o diretor espiritual de uma inúmera legião de damas da mais alta aristocracia, patrícias romanas, cuja amizade era disputada por todos.

Espírito combativo, incompatível com a vida de desregramentos e de luxo desmedido, comum naqueles tempos em que a opulência das riquezas era quase incalculável, Jerônimo não media as suas palavras para invectivar[17] aquela sociedade podre e em decadência moral e não se arreceava de atrair sobre si o desagrado da maioria, atingida pelas suas críticas acerbas.

Apenas quatro séculos eram passados da morte de Nosso Senhor Jesus Cristo e a dissolução dos costumes imperava no meio daqueles que se diziam cristãos e que não temiam afrontar com os seus desregramentos a cólera do próprio Deus.

Eram sacerdotes que, valendo-se do hábito que vestiam e da dignidade eclesiástica, arrastavam uma vida de hipocrisia e de escândalos, acobertando as suas relações com as agapetas (mulheres que, sob essa designação, se entregavam ao culto dos altares), com a capa da amizade espiritual, trocando-se mutuamente os nomes de "irmão" e irmã".

Eram damas das mais ilustres famílias que, dizendo-se cristãs, não faziam o menor sacrifício dos prazeres que lhes proporcionava a opulência dos seus bens, e que se ligavam

[17] Atacar, injuriar (Nota de Diamantino Fernandes Trindade).

a libertos e a sacerdotes sem escrúpulos, ávidos das suas imensas riquezas, servindo de pasto às ironias e sátiras dos pagãos.

Em uma sociedade em que dominava a dissolução dos costumes, e em que tudo era tentação e motivo para um desvio do bom caminho, causava pasmo a atitude de Jerônimo, que buscava nas catacumbas o repouso para o seu espírito, o isolamento para as suas meditações, a força para não cair nas ciladas que lhe eram armadas a cada passo, e que dia a dia mais engrandecia a sua alma, entregando-a exclusivamente ao amor de Jesus, mais aprimorava o seu intelecto na companhia dos grandes mestres, mais esclarecia o seu espírito, adquirindo a verdadeira sabedoria nas profundas meditações a que se entregava noites a fio, enquanto os de sua idade procuravam os prazeres que embrutecem e levam à ruína do corpo e da alma. E se causava espanto ver um jovem de 18 anos viver uma vida de austeridade absoluta, todo entregue aos seus estudos e ao aperfeiçoamento do seu espírito, não causava menor inveja àqueles que, sofrendo o seu combate tenaz e não podendo atingi-lo, se vingavam recorrendo a todos os meios, a calúnia inclusive.

Porque nunca a inveja procurou cravar os seus infames dentes com maior desejo de destruir do que neste Santo incomparável, glória do mundo ocidental.

Os inimigos de Jerônimo, feridos em cheio pelos raios mortais de sua palavra, esmagados pela violência com que ele os atacava, violência que retumbava como o fragor das trovoadas em dias de grande temporal, apontados ao clamor público pelas terríveis acusações que ele lhes lançava em rosto, verberando a vida que levavam, hipócrita, escandalosa e anticristã, não lhe perdoavam a coragem audaciosa com que ele os enfrentava, sem o menor receio do poder de que dispunham, quer temporal, quer eclesiástico.

Foram tantas as perseguições por ele sofridas, tantos os desgostos que o acabrunharam, que aos 20 anos resolveu sair de Roma e internar-se no deserto. A região da Cálcida foi por ele a escolhida para o seu desterro voluntário.

Dizer da sua vida no deserto é dizer alguma coisa sobre a

renúncia, o isolamento, a dor, sob todos os seus aspectos, físico, moral e espiritual. É falar da sua luta contra as hostilidades do meio ambiente, da tragédia humana que se desencadeava hora a hora, minuto a minuto, na sua alma, que opunha a mais terrível resistência a todas as tentações com que era assaltada pelos elementos inferiores encarniçados na sua derrota. É dizer algo sobre a saudade cruciante que o torturava, saudade dos amigos queridos, dos discípulos amados, porque é preciso que se saiba que ninguém soube amar mais do que Jerônimo. As suas Epístolas são todas impregnadas de amor e doçura, quando ele não é o leão que ruge para exigir o cumprimento da lei divina.

Falar da sua vida no deserto, é contar a sua vitória contínua sobre todos os seus inimigos, é dizer que ele triunfou heroicamente do mal e que jamais sucumbiu às mais duras provações.

Se o seu corpo se alquebrava e envelhecia a cada doença que o minava, porque, como ele mesmo diz, sofreu todas as moléstias do clima inóspito da Síria, a sua alma, pelo contrário, retemperava-se aos embates travados cada dia e se tornava fortaleza irredutível a cada nova vitória alcançada sobre o inimigo.

A vida de São Jerônimo, quer em Roma, quer no deserto ou em Belém, foi sempre cheia de agitações e sofrimentos.

Quando, vinte anos mais tarde, ele voltou a Roma, movido pelas perseguições que lhe moveram os anacoretas do Oriente, que tentavam obrigá-lo aceitar o seu ponto de vista na interpretação do dogma da Santíssima Trindade, encontrou o número dos seus fiéis muito aumentado. Damas riquíssimas, viúvas de patrícios ilustres – Albina e sua filha Marcela; Paula e suas filhas Eustóquia e Blésila, e muitas outras, haviam transformado os seus palácios em cenáculos, onde se reuniam para estudar os assuntos transcendentais das Escrituras Sagradas e dos Evangelhos, e que procuravam com o seu exemplo atrair para Jesus o maior número de almas.

Se na sua primeira permanência em Roma Jerônimo tivera êxito, na segunda dominou por completo, o que lhe acarreou inimigos ainda mais cruéis.

Nem isso o intimidou. Continuou ele o seu combate sem tréguas aos vícios dominantes, aos desregramentos da sociedade, à hipocrisia dos sacerdotes e monges, em cartas memoráveis que o colocaram em um lugar inatingido por qualquer outro Padre da Igreja.

São Jerônimo é sem igual e ninguém até hoje conseguiu imitá-lo. Ele é o mais sábio dentre os sábios da Igreja, o seu "Doutor Máximo", no dizer de todos os que estudaram a sua obra incomparável. Santo Agostinho, considerado um dos maiores escritores da Igreja Católica, chamam-no "Pontífice" e "Mestre" e jamais dispensou a sua opinião em controvérsias em que tomou parte, acatando e respeitando a suas sábias decisões.

Dotado de uma cultura invulgar, o gosto pela literatura teria dominado Jerônimo, não fora o seu amor, maior do que tudo, pelo Cristo. Aproveitando-se do seu incomparável saber, o Papa Dâmaso incumbiu-o da tarefa difícil e cheia de responsabilidade de responder a todas as consultas sobre os textos sagrados e de pôr um fim às controvérsias que eles provocavam. A sua palavra era, pois, sempre a última; depois de emitida, ninguém podia opor-lhe a menor restrição e os que tentavam fazê-lo fracassavam diante da luz que ela projetava.

São Jerônimo, o maior Mestre da direção espiritual, cujas obras foram estudadas, meditadas e citadas pelos mais eminentes doutores da Igreja, criou com as suas Epístolas um verdadeiro código de moral cristã e de ensinamentos destinados à mulher, segundo o seu estado civil, à criança, aos padres e aos monges.

Nada lhe escapou.

Em uma linguagem, ora repassada de ternura, era candente como o ferro em brasa, ele aconselhou, ensinou, exprobou, invectivou aqueles a quem amava e a quem considerava ovelhas do seu rebanho.

Desgostoso ainda uma vez com as perseguições que continuavam a mover-lhe de todos os lados aqueles que o invejavam, ele resolveu retirar-se definitivamente de Roma e fixar residência em Belém, onde esperou o termo de seus dias.

Paula e Eustóquia o seguiram e com as imensas riquezas

que possuíam fundaram conventos e se entregaram a uma vida de pobreza e de renúncia por amor de Jesus. Outras damas da aristocracia romana seguiram o seu exemplo.

São Jerônimo, durante o tempo que permaneceu no deserto e em Belém, ocupou-se em traduzir para o Latim as Escrituras Sagradas, dando-lhes a interpretação cheia de luz, que ainda hoje é a adotada pela Igreja. Ele pôs fim às controvérsias e às disputas que as diversas interpretações provocavam e fez a revisão e a correção dos Evangelhos. Nessa ocasião, os seus adversários desencadearam contra ele a mais tremenda perseguição, procurando fazê-lo cair no desagrado do Papa Dâmaso que, entretanto, o apoiou integralmente. Ele foi chamado "audacioso", "atrevido", "pretensioso", "sacrílego", por se ter arrogado o direito de repor nos seus devidos termos textos dos Evangelhos que, mal traduzidos do grego, se tornavam contraditórios e até mesmo descabidos. E isso ele o fez com segurança de quem sabe o que quer e o que faz; sem mesmo prestar atenção à tempestade que rugia em torno de si, com a tranquila consciência do comissionado.

Estudando a vida de São Jerônimo, meditando na sua obra, como que aterrorizado diante de tão augusta majestade, sempre me pergunto: quem é São Jerônimo? Quem é ele que deu luz às Escrituras Sagradas, até sua época incompreendidas? Quem é ele que se atreveu a emendar os Evangelhos? Quem é essa entidade que mil e seiscentos anos depois de ter vivido ainda não achou quem o igualasse? Que missão foi a sua? Quem o comissionou? Haverá alguém que acredite na possibilidade de um *simples mortal* realizar a obra titânica de São Jerônimo?

Há no Antigo Testamento uma figura altamente impressionante que, nascida em terras africanas do Egito, de uma raça poderosa e dominadora, descendente dos Faraós, recebeu de Deus a missão de arrancar o povo judeu do cativeiro em que vivia e conduzi-lo através do deserto à Terra Prometida.

Dominando a natureza, manejando a seu talante as suas forças cegas, senhor do raio e do trovão, Moisés, que pertencia à elevada casta dos sacerdotes e que já aos 27 anos conhecia os 12 Livros da Arca sem nunca os ter lido, porque a sua leitura era privilégio do Sumo Sacerdote, Moisés, que dizia que o próprio Osíris consigo conversava, impôs-se ao povo escravo, tirou-o do Egito, deu-lhe os Mandamentos e levou-o para a luz de Jeová.

Mil anos depois, desce ao planeta uma entidade que traz a missão de dar luz ao Antigo Testamento, rever e emendar os Evangelhos, arrancar da escravidão do vício em que vivia, levando-os para o amor de Jesus, uma raça que tinha sido a dominadora do mundo, fulminando com o raio da sua palavra os transgressores da lei.

Estranha e misteriosa coincidência de destinos!

Maior e mais estranha ainda a coincidência de, em pleno auge da civilização ocidental, ter sido o grande Santo do Cristianismo identificado, por elementos da misteriosa raça negra, perseguida pela brutalidade e cupidez do branco, com o Rei todo poderoso da Lei de Umbanda, o justiceiro Xangô!

Xangô não é a folclórica figura descrita pelos grandes escritores brasileiros: Nina Rodrigues, Artur Ramos e outros, nos livros em que brilhantemente estudaram o fetichismo negro à luz da Sociologia e da Antropologia.

Representação de Xangô
https://espadadeogum.blogs.sapo.pt

Xangô é, como Rudra nos Vedas, a entidade cósmica que domina os elementos e as almas em geral. E porque é o senhor do raio e do trovão, os negros, muito mais inteligentes do que o suspeitavam aqueles que os escravizaram, ao serem obrigados a aceitar a religião católica dominante no país para onde vieram arrastados, logo o identificaram com o glorioso São Jerônimo, que também, segundo as lendas católicas, dominando a seu talante os raios e os trovões, é o senhor da tempestade.

Falar de Xangô e das maravilhas que por seu intermédio se realizam nos terreiros da Lei de Umbanda, é algo tão difícil, ou impossível, como explicar qualquer cientista o que é a eletricidade, para só falar de um dos mais banais fenômenos da natureza.

Explicar o porquê da identificação do grande Santo do Cristianismo com o misterioso e poderoso Rei de Umbanda também é tarefa superior às forças de um modesto estudioso da religião comparada. Como difícil é ainda tentar explicar o misterioso elo que une às duas grandes entidades o destino do Legislador do Antigo Testamento.

Abdicando, pois, da veracidade de tentar explicar o que está acima das minhas forças, prefiro, na humildade do meu sentimento, prostrar-me aos pés da incomparável figura do grande devoto do Cristo – o incomparável São Jerônimo – que para nós umbandistas é o todo poderoso Xangô, também venerado e cultuado no dia 30 de setembro.

A Lei de Umbanda, nos seus mistérios impenetráveis, determina que o executor da sua Justiça neste mundo seja o todo poderoso Xangô. E ninguém pode furtar-se aos seus imperativos, porque a Lei de Umbanda, como a Lei do Karma, é a Lei de Causa e Efeito. Mas, não podendo evitar que cada um pague a pena que lhe foi imposta ao encarnar, as poderosas falanges do justiceiro nos terreiros de Umbanda, tocadas pelo divino amor que era um dos apanágios de São Jerônimo, a exemplo do Santo incomparável, propugnam dia e noite nos humildes terreiros de Umbanda, como São Jerônimo na sua gruta de Belém, pela renovação dos costumes, pela luta contra os chamados pecados capitais que escravizaram as almas dos homens e pela suplantação desses sentimentos pelo mais doce amor ao Cristo que unirá as almas e construirá um mundo melhor.

YEMANJÁ – A DIVINA MÃE DE UMBANDA

José Alvares Pessoa

O Semanário, n. 192, 9 de janeiro de 1960

O culto da Divina Mãe e sua tradição milenar

Yemanjá (1955)
Dra. Dalla Paes Leme
http://mandaladosorixas.blogspot.com

> Quando nada havia – nem Sol, nem Lua, nem planetas, senão tão só a Profunda Obscuridade – só existia minha Divina Mãe, sem forma, a Eterna Consorte do Infinito.

É isso que ensina o divino Ramakrishna aos seus discípulos, citando os sagrados livros "Tantras", quando descrevem Maha-Kali e Nitya-Kali, e Deus incondicionado, Absoluto, sem forma, e a Energia Divina em constante movimento.

A vida, pois, ainda não manifestara nos mundos e já a Divina Mãe imperava como Senhora absoluta e onipotente.

Inúmeras idades passariam antes que a humanidade pudesse despertar do letargo em que vivia, para com o desabrochar da mente poder penetrar nos sagrados mistérios da sua criação. Inúmeros segredos estavam por ser desvendados à humanidade nascente até que o homem pudesse, em uma atitude de gratidão à divindade criadora elevar o primeiro altar, dando início a um culto, que era menos de devoção do que um pedido de socorro para livrar-se dos mil e um perigos que o cercavam em um mundo de monstros e de horrores.

O culto à Divina Mãe Criadora do Universo deve ter sido iniciado com os primeiros balbucios da humanidade neste vale de lágrimas. Não tem idade; será, pois, tão velho como o próprio mundo, que deve ter milhares de milhões de anos.

Até onde se pode chegar, nas inúmeras pesquisas que tem sido feitas para se assentar as bases das religiões que imperaram vestígios do culto a Divina Mãe do Universo.

Para nos reportarmos aos que chegaram intactos até nós, vemos, na Índia, o culto de Kali; no Egito o de Ísis; entre os Hebreus, o de Ishtar; na Grécia, o de Vênus Afrodite; e mais modernamente, entre os católicos, o culto da Virgem Maria.

É preciso que não se confunda "católicos" com os primitivos "cristãos". Esses só adoravam o Deus sem forma, correspondente do Absoluto Brahma dos Hindus, e não admitiam a adoração de estátuas de Santos, que hoje se veem aos milhares nas igrejas subordinadas ao culto romano. O da Virgem Maria é "moderníssimo", se o compararmos à irradiação do culto da Divina Mãe do Universo, e é absolutamente um culto idólatra.

Diz Camille Julian (*Histoire de la Gaule*) que "o cristianismo só dominou as massas e só se tornou uma fé popular quando as cidades e aldeias tiveram seus túmulos de Santos locais, curandeiros de doenças e protetores das colheitas".

Aliás, é uma tendência natural da humanidade essa para a idolatria. O homem, na sua incapacidade de fixar a mente na ideia pura, necessita da forma, que ele modela no barro, e que invoca, identificando-a à divindade.

Assim foi nos milênios que passaram e assim continuará a ser, até que o homem atinja o verdadeiro estado de maturidade espiritual. Quando? Quem poderá dizê-lo, se se atentar no materialismo que cada vez mais domina o mundo e corrompe as gerações?

O culto da Divina Mãe é comum a todas as grandes religiões, existiu em todos os tempos e subsiste até os nossos dias.

Na Índia dos Vedas, "Aditi", a deidade feminina, era mãe de Varuna e Mithra, enquanto "Prithivi-Mathar" era a própria Terra Mãe; na China, nos longínquos tempos em que imperava o matriarcado, vemos ainda a Terra-Mãe venerada em um culto especial aos ancestrais maternos; no Irã, anteriormente a Zoroastro, adorava-se Anahita, a mais popular das divindades, considerada ao mesmo tempo a Virgem Imaculada e a Grande Prostituta, e que segundo uns era a deusa da água e da fecundidade; na antiga Babilônia, "Ishtar" é a rainha dos deuses, a deusa do amor; entre os Frígios, a divindade feminina representada pela deusa mãe "Cybele", tem o seu principal culto; os Cananeus adoravam as "Astartés", que representavam os diversos princípios da fecundidade; entre os Germanos, uma das mais antigas divindades era a Terra-Mãe, chamada "Nerthus", identificada à 'Freya", a deusa do amor, da beleza e a fecundidade; também na Germânia a Lua era a deusa "Holle", identificada à Diana romana. Imaginavam-na como a rainha das feiticeiras, cavalgando à noite em companhia de demônios femininos, que carregavam as almas das crianças mortas sem batismo.

Entre os Celtas predominava o culto da Terra-Mãe, sem dúvida reminiscência dos Ligúrios, representada pelas Virgens Negras locais. Em Creta, na Grécia, as deusas precederam os deuses. A mais antiga das divindades é sem dúvida a Terra-Mãe, "Gê", deusa da fecundidade, que fez nascer as plantas, os animais e os homens. É a Terra-Mãe que se encontra sob diversas formas em todas as outras deusas, como em "Gaia", a mãe dos deuses olímpicos; em "Artemis" adorada no famoso templo de Éfeso; em "Afrodite", deusa o amor e das flores; em "Hera", deusa da vegetação, antes de tornar-se esposa de Zeus e a ciumenta guardiã das leis do casamento; em "Demeter", mãe do trigo, adorada sobretudo em Elêusis; em Athené", deusa da oliveira, antes de tornar-se a protetora de Atenas. Em Roma as múltiplas divindades dos lares tornam-se em uma só divindade, "Vesta", honrada e venerada no seu mais antigo templo e tendo as Vestais por sacerdotisas.

Entre os Árabes, certos espíritos mais poderosos eram considerados divindades. Havia uma Allah fêmea, "Alilath". Adorava-se certos astros, como Vênus, a Lua, sob cuja proteção fazia-se viagens à noite.

"Maria", no Catolicismo, é a Virgem que toca mais de perto os corações amorosos, como acontece com outras divindades femininas, "Isis", "Ishtar", "Astarté", "Cybele"; ela é a Mãe dolorosa, como "Demeter", e a imagem da Madona carregando o Menino ao colo outra não é senão a representação de "Isis", tendo nos braços o pequeno "Hórus".

A Divina Mãe Kuan Yin
http://animamundhy.com.br

Introdução do culto da Divina Mãe no Brasil

Não podemos ter uma ideia de como teria surgido no Brasil o culto da Divina Mãe. Mas, do que se conhece sobre a religião dos índios, que eram os donos da terra ao tempo do descobrimento, vê-se que a deidade feminina tinha a sua representação como Yara, a deusa das águas, que ainda hoje é objeto de grande devoção.

As águas, no seu avassalador domínio de mais de três

quartos do globo que habitamos, representam um papel de vital importância nas religiões primitivas. A própria Bíblia, no Gênesis, declara: "No princípio criou Deus o céu e a terra. A terra, porém, estava informe e vazia e as trevas cobriam a face do abismo e o Espírito de Deus movia-se sobre as águas".

Assim sendo nada mais natural que a humanidade, nos seus primórdios, tivesse representado as águas como o domínio da Divina Mãe, da qual tudo procede.

Sabemos como os gregos, no apogeu de sua civilização, adoravam Vênus, nascida das águas do mar; também sabemos, pelos mestres que estudaram a influência da raça africana no Brasil, que, com as primeiras levas de negros escravos sacerdotes de uma estranha religião vieram da África, onde se cultuava a Mãe do Universo, sob a figura de Yemanjá, a Rainha do Mar, assim como os índios brasileiros cultuavam Yara, a deusa das águas.

Concepção africana de Yemanjá
https://www.pinterest.fr

Obrigados pelos brancos a aceitar a religião católica, também sabemos que os negros identificaram os deuses do seu culto com os Santos venerados na Igreja romana. E foi assim que eles camuflaram o culto de Yemanjá, identificando-a com Nossa Senhora da Conceição, venerando-a sob essa figura durante quase dois séculos, até que, em um esforço sobre-

-humano, que afinal sairia vencedor, foi novamente implantada no país o seu culto puro, de Rainha do Mar, Divina Mãe de Umbanda e do Universo. Hoje é ela venerada publicamente, apesar da perseguição movida pelos padres católicos, e o seu culto abertamente propagado de Norte a Sul do país.

A influência que o culto de Yemanjá – a Divina Mãe exerce sobre o povo brasileiro é enorme. O ritual que lhe é consagrado, de grande beleza e simbolismo, realizado no mar e nas praias, onde são feitas oferendas, que comumente constam de brancas flores com laços de fitas, velas, perfumes, joias, pentes, pó de arroz e outros objetos da vaidade feminina.

A tradicional festa de Yemanjá, que se realiza à meia noite de 31 de dezembro (ao romper do Ano Novo), é um acontecimento espiritualista dos mais belos que se pode desejar no Rio de Janeiro, onde hoje é realizado por milhares e milhares de devotos. Todas as praias – do Leme ao Leblon, no Flamengo, na Barra da Tijuca, em São Conrado, Ramos, São Cristóvão, nas de Niterói e nas ilhas da Guanabara, ficam superlotadas por uma multidão que, entre cânticos e danças ritualísticas, acende velas e faz as suas oferendas de flores em profusão, constituindo o ritual um dos mais belos e impressionantes aspectos da vida carioca.

Milhares de criaturas, vestidas de branco, como o exige o ritual de Umbanda, entoam cânticos à Divina Yemanjá, a quem pedem proteção para que tudo lhes corra bem no Ano Novo, e, em um requinte de devoção, avançam mar adentro, para descarregar nas suas águas os males e as tristezas do ano que passou. Garrafas de champanhe são derramadas na areia em homenagem à Divina Yemanjá. Há devotos que estendem toalhas ricas na praia e ali expõem os presentes que serão oferecidos à divindade, que entre cânticos e danças é invocada. O espetáculo de fé é empolgante e os milhares de velas acesas ao longo das praias dão bem uma ideia da devoção do povo, realizando uma *féerie*[18] digna de se ver.

O ritual de Yemanjá, na noite de 31 de dezembro, também é realizado mar a fora, em barcos superlotados de devotos. A Baia de Guanabara fica, entre Niterói e o Distrito Federal,

[18] Encantamento (Nota de Diamantino Fernandes Trindade).

coalhada de flores que, à meia noite em ponto, são oferecidas à Divina Mãe de Umbanda pelos milhares de crentes.

De todas as partes afluem multidões, que, mesmo sem tomar parte no ritual, vem assistir o magnífico espetáculo, deixando-se, inúmeros, contagiar pelo misticismo e acabando por se descalçar e ir também molhar os pés nas espumosas águas do Atlântico, para merecer as graças da Divina Yemanjá.

O ritual de Yemanjá, nas praias cariocas, constitui hoje uma tradição e a sua realidade não pode mais ser impedida.

A alma do brasileiro é essencialmente mística e aceita, sem tergiversar, os ritos mágicos, que sobre ela exercem a mais profunda impressão.

O ritual de Yemanjá, absolutamente mágico, simboliza uma esperança de algo bom em um amanhã ignoto. Para merecer a graça que a sua prática confere, a ele se submetem os sãos e os doentes, os felizes e os infelizes, os que desejam uma boa sorte nos negócios, a moça que quer casar, a mãe que deseja um bom futuro para o filho, a esposa que sente em perigo a felicidade do seu lar, enfim, todos os que tem no coração um desejo a realizar, ou uma tristeza a apagar.

Há uns vinte anos atrás as cerimônias do ritual de Yemanjá eram realizadas quase clandestinamente, nas praias mais desertas, como a do Leblon, por exemplo, e a elas só compareciam realmente os adeptos da Lei de Umbanda, que, a esse tempo sofria perseguição das autoridades constituídas, pressionadas pelos padres da Igreja Católica. Mas, a constância e a tenacidade dos fiéis devotos foram aos poucos despertando a curiosidade do público, que afinal se deixou empolgar pelo belo ritual que, em pouco tempo, viria a propagar-se pelo país inteiro e constituir-se na mais bela tradição religiosa da passagem do ano.

Ninguém quer carregar consigo as tristezas, a falta de sorte, as desgraças, as doenças e as lágrimas do Ano Velho e para que tal não aconteça é preciso levar tudo ao mar, que tudo carrega para as suas profundezas. Lavando-se nas purificadoras águas do Oceano, o devoto de Yemanjá inicia o novo ano descarregado dos maus fluidos que o impediriam de ser feliz e de vencer a batalha que vai iniciar; acendendo a sua vela na praia, o devoto de Yemanjá terá o seu caminho iluminado pelos espíritos benfazejos que o não deixarão perder-se nas trevas deste mundo de sofrimento; fazendo a sua oferenda à Divina Mãe, o devoto receberá, de volta, os inúmeros benefícios que só Ela lhe poderá prodigalizar. Pelas flores e presentes que lhe oferecemos. Elas representam as graças que Ela nos concede, quer no terreno espiritual, quer no material.

A Divina Mãe do Universo é uma só, seja qual for o nome com que a invoquemos. Pode ser Kali ou Astarté, Cybele ou Freya, Gê ou Ishtar, Maria ou Yemanjá. Se o devoto a Ela se liga e se, na pureza do seu sentimento, a invoca com fé, jamais deixará de ser atendido. É a Divina Mãe quem nos dá força para suportar o peso das desgraças deste mundo; é a Divina Mãe quem nos agasalha e nos conforta quando, como crianças assustadas, nos refugiamos no seu seio; é a Divina Mãe quem nos guia os passos, desviando-nos dos abismos que nos cercam; é a Divina Mãe quem, finalmente, nos fecha os olhos, quando, vencida a etapa final da nossa vida, atravessamos o vale de sombras da morte.

A Divina Mãe gosta de ouvir dos lábios do seu devoto a prece cantada com que é invocada nas horas de aflição ou de alegria.

As praias, na noite de 31 de dezembro, ressoam com esses cânticos maviosos, que se elevam como homenagem à Divina Yemanjá. São milhares de coração ansiosos que, comungando o mesmo ideal, se unem em prece diante do majestoso altar na natureza para homenagear a divindade:

Eu vou, eu vou levar
O presente de Yemanjá
Vou salvar minha Rainha
Vou botar flores no mar
Salve! Salve! Yemanjá!
Salve! Salve! Yemanjá!

Um anel de pedraria
Para ela eu vou levar
Antes de romper o dia

A promessa irei pagar
Salve! Salve! Yemanjá!
Salve! Salve! Yemanjá!

Que na passagem do Ano novo todos os brasileiros, umbandistas ou não, se unam, cantando nas praias os cânticos de Yemanjá, para que a Divina Mãe lance um olhar misericordioso sobre o Brasil, que, sem a sua proteção, talvez venha a mergulhar em dias sombrios.

PERSEGUIÇÃO ÀS TENDAS ESPÍRITAS PELA POLÍCIA DO ESTADO DA GUANABARA

Oswaldo Costa

O Semanário, n. 225, 9 de setembro de 1960

A "Imprensa sadia" tem registrado nestas últimas semanas – sem, aliás, protestar contra elas, como seria de seu dever, antes estimulando-as com o seu sensacionalismo – inauditas violências praticadas por um comissário de polícia do Estado da Guanabara contra as tendas espíritas, principalmente umbandistas, a pretexto de "combater o baixo espiritismo".

Trata-se de uma violação flagrante do dispositivo constitucional que garante a plena liberdade de cultos em nosso país, bem como de um retrocesso aos tempos medievais, quando assuntos de foro íntimo, como a religião, eram objeto de interferência indébita das autoridades eclesiásticas e civis.

A polícia não tem o direito de perseguir quem quer que seja por ser adepto deste ou daquele credo ou praticar este ou aquele rito. Muito menos o direito de invadir domicílios ou lugares onde se professam esses credos e se praticam esses ritos, a pretexto de considerá-los "condenáveis" ou de estarem sendo desvirtuados de seus fins por maus elementos. Se esses elementos incidirem em sanções penais, que estas recaiam sobre eles pelas formas e meios legais, cujo exame e aplicação cabe à Justiça. Nunca através de "comandos policiais" puramente sensacionalistas e que não tem outro fim senão o de servirem de pasto à "Imprensa sadia" sempre em busca de escândalos ou de instrumento de perseguições e vinditas que não se compadecem com o espírito de tolerância, de compreensão humana e de liberalismo do povo brasileiro.

Por isso, protestamos, com todo o vigor e toda a veemência, contra essas manifestações truculentas de um reacionarismo ultramontano que as nossas tradições de cultura e os nossos sentimentos democráticos repelem, fazendo nossas as corajosas palavras com que o **Senhor José Alvares Pessoa**, presidente da Tenda Espírita São Jerônimo, desta capital, se dirigiu ao Senhor Presidente Juscelino Kubitschek de Oliveira, na Carta Aberta[19] que a seguir reproduzimos, e esperando que o Chefe da Nação e o Chefe do Executivo do Estado da Guanabara tomem, no caso, as providências imediatas e enérgicas que ele está exigindo, a bem da própria autoridade moral do governo.

Às vítimas dessa perseguição inquisitorial, que mais parece obra do insano que outra coisa qualquer, franqueamos as nossa colunas, para divulgação de seus protestos e a defesa de seus direitos constitucionais violados pela polícia carioca, que não tem tempo para "limpar" a cidade dos profissionais do crime que perturbam o sossego de sua população, mas tem tempo de sobra para perseguir as tendas espíritas.

CARTA ABERTA AO CHEFE DA NAÇÃO

José Alvares Pessoa

O Semanário, n. 225, 9 de setembro de 1960

Exmo. Sr. Presidente Juscelino Kubitschek de Oliveira.

Em meados de 1955, tive a honra de ser levado à presença de Vossa Excelência por um amigo comum. Era então Vossa Excelência candidato da oposição à Presidência da República e a sua campanha se processava num clima de inseguranças e de incertezas, com mil boatos a correr, como é de praxe nesta terra carioca.

Vossa Excelência acolheu-me com a sua natural simplicidade, que põe à vontade até mesmo a mais tímida criatura, e tivemos oportunidade de conversar uns bons quinze minu-

[19] Vide o próximo capítulo.

tos sobre o que era de vital interesse, para Vossa Excelência como candidato, para mim como seu eleitor.

Espiritualista que sou, presidente de uma Tenda Espírita, a de São Jerônimo, com sede na Rua Visconde de Itaboraí, bem no centro da cidade, com uma frequência de mais de trinta mil pessoas mensalmente, eu desejava, naquele momento, sabendo-o católico praticante, obter da própria boca de Vossa Excelência a declaração de que, se eleito, Vossa Excelência não permitiria jamais, como relação à questão religiosa, que a nossa Constituição fosse ferida.

Vossa Excelência, com a hombridade e sinceridade que tão bem o caracterizam, fez a declaração, que me foi gratíssimo ouvir, de que jamais no seu governo poderia haver perseguição a este ou aquele credo.

É para lembrar a Vossa Excelência as suas próprias palavras, e pedir-lhe que não as renegue quando se acha prestes a deixar o Poder, que volto hoje à sua presença. E volto convicto de que Vossa Excelência, até o presente momento, se acha absolutamente isento de culpa quanto a perseguição que o Departamento Federal de Segurança Pública está realizando contra as Tendas Espíritas, que se contam aos milhares no Estado da Guanabara, sob o ridículo pretexto de combater os maus espíritas e a macumba.

Presidente, a polícia nunca se lembrou de que no seio de todas as classes, de todos os credos, quer religiosos, quer políticos, há bons e maus.

A polícia, ao pretender expurgar os meios espíritas cariocas dos seus maus elementos, não se lembra de que também deveria usar dos mesmo meios de repressão contra os maus elementos de outras confissões religiosas.

É contra esta atitude de dois pesos e duas medidas que, neste momento, me dirijo a Vossa Excelência. Nós espíritas, nesses atribulados quarenta anos em que nos firmamos em todo o país, temos sido as vítimas prediletas da prepotência policial, que, nós o sabemos, é bem dirigida pela mão oculta do clero romano. Mas, mesmo quando este pobre país viveu dias de terror durante a época da ditadura, nós conseguimos sobreviver e nenhum poder prevaleceu contra nós. Não há de ser agora, quando vivemos num período constitucional de calma e tranquilidade, governado por Vossa Excelência, o mais generoso dos homens, dotado de sentimentos da mais alta nobreza e de um espírito de justiça de escol, que nós espíritas vamos temer a ação da polícia, que, de abuso em abuso, vem fechando Centros Espíritas, perseguindo criaturas indefesas, na persuasão de que o mais alto Poder ficará surdo ao clamor que se levanta contra esses atos de prepotência.

Venho hoje, pois, a presença de Vossa Excelência, reclamar o cumprimento de sua promessa de candidato, de que jamais permitiria a perseguição religiosa no país. Chegou o tempo de agir, por isso mesmo, estou agora pedindo as providências enérgicas de Vossa Excelência, junto ao Sr. Chefe de Polícia, a fim de que seja posto termo, imediatamente, às medidas que foram e continuam a ser postas em prática contra os adeptos do Espiritismo, que, como todos os adeptos de outros credos, têm o direito de amar a Deus do modo que melhor lhes parecer.

Certo de que Vossa Excelência, que tem uma memória privilegiada, não esqueceu a promessa feita a um patrício que foi seu cabo eleitoral junto aos espíritas ora perseguidos, e de que agirá para que cesse a perseguição policial, antecipo a Vossa Excelência, os meus melhores agradecimentos, que representam também os agradecimentos de alguns milhões de espíritas brasileiros.

RESPEITO À LIBERDADE DE CULTOS

Henrique Teixeira Lott[20]

O Semanário, n. 225, 9 de setembro de 1960

Pedem-me que exponha o meu ponto de vista sobre a liberdade de cultos religiosos no país. Certamente tal solicitação é motivada pelo fato de serem bem conhecidas as minhas convicções religiosas.

Praticante da Religião Católica Apostólica Romana, convicção íntima incoercível, que a idade, os conhecimentos ou a cultura adquirida não conseguiram modificar ou esmorecer, man-

[20] Henrique Batista Duffles Teixeira Lott foi um militar e político brasileiro, que atingiu o posto de marechal, foi Ministro da Guerra e concorreu à Presidência da República nas eleições de 1960 (Nota de Diamantino Fernandes Trindade).

tenho relações com indivíduos das variadas crenças e respeito seus pontos de vista e práticas religiosas; deles espero, da mesma forma, idêntica compreensão, já que o assunto, no meu entender, não comporta imposições, porque se trata de sentimento, de fé, de honestidade de crença, dos quais podemos discordar, mas, de modo nenhum atacar, se forem baseados em princípios morais elevados e em alto sentimento de humanidade e justiça.

A índole pacífica, afável e cordial de nosso povo, bem refletida nos preceitos constitucionais e legais que regem o assunto, possibilita a liberdade de que gozam os cultos e denominações religiosas no Brasil, desde que não tenham caráter subversivo ou imoral.

Dessa forma, se chegar ao governo de meu país, situar-me-ei rigorosamente dentro da área permissiva e proibitiva da Constituição Federal que, nos seu artigos 31 e 141, define claramente as relações entre a União e os cultos religiosos e especifica os direitos e garantias destes ou seus adeptos. Isso será cumprido sem discriminações.

A FESTA DE XANGÔ NA TENDA SÃO JERÔNIMO

O Semanário, n. 232, 15 de outubro de 1960

Dia 30 de setembro, dia de Xangô, dia, portanto, da Tenda Espírita São Jerônimo, nascida sob a invocação do grande Orixá, identifica-se com o grande Doutor da Igreja Cristã, e que, sob a direção de José Alvares Pessoa, o incomparável Capitão, tantos serviços tem postado à causa da espiritualidade em nosso país e à difusão dos princípios e enriquecimento da Umbanda.

O salão da sede da Tenda, à Rua Visconde de Itaboraí, achava-se repleto, quando o Capitão Pessoa abriu os trabalhos dando a palavra a poetisa Zilah Monteiro, que leu uma interessante saudação em versos em homenagem a Xangô – São Jerônimo e a seus irmãos de fé da tenda promotora da linda festividade e das demais ali presentes. Falou, a seguir, o Sr. Coriolano Celso de Gusmão, presidente da Tenda Santo Agostinho, que proferiu vibrante discurso muito aplaudido, ocupando depois a atenção do auditório o Dr. Lauro Neiva, também bastante aplaudido.

Encerrando essa primeira parte da sessão, falou, em nome da Tenda São Jerônimo, o seu tesoureiro, Sr. Altamir Mendes de Freitas, que agradeceu a presença dos que ali foram levar o testemunho de seu afeto e de sua solidariedade espiritual à benemérita organização tão superiormente dirigida pelo Capitão Pessoa, cuja obra, em rápidas e comovidas palavras, o presidente da União Espiritista de Umbanda do Brasil, Sr. João Severino Ramos, antes destacara, referindo-se às afinidades espirituais que de longa data os unia.

Freitas, no seu discurso, destacou o fato da Tenda São Jerônimo ser um dos sete ramos da árvore de fé plantada no Brasil por Sete Encruzilhadas.

A Zilah Monteiro agradecemos as carinhosas expressões com que homenageou o valente *O Semanário*, presente a essa festa de espiritualidade na pessoa de seu diretor.

JOSÉ ALVARES PESSOA

Lilia Ribeiro

Diário de Notícias, n.14325, 22 de julho de 1969

Os umbandistas relembram, neste mês, a figura do grande espiritualista José Alvares Pessoa, desencarnado há um ano, precisamente. Conhecedor profundo de todos os ramos do espiritualismo e das ciências ocultas, o Capitão Pessoa, como o chamavam, os que, como nós, se formaram sob sua orientação, estabeleceu, na Tenda São Jerônimo, que dirigiu por mais de trinta anos, um sistema de trabalho através do qual, sem esquecer a contribuição africana e sem enveredar pela senda do puro orientalismo, procurou atingir o equilíbrio necessário à nossa religião. Sob o título *Umbanda – Religião do Brasil*, que era o seu lema, escreveu, para a *Antologia do Movimento Espiritualista* uma série de artigos, entre quais "Umbanda dentro do Mundo", do qual extraímos os trechos seguintes:

"Umbanda é a própria alma do mundo trabalhando em prol da regeneração humana: é Jesus trabalhando; curando enfermos, determinando o cumprimento das leis, preocupando-se com as necessidades materiais dos humanos, como se pode notar em certas passagens dos Evangelhos."

A verdadeira missão dos Guias de Umbanda é a caridade integral e o seu principal objetivo é aliviar o sofrimento humano, onde quer que se apresente e seja qual for a sua modalidade. Os Guias que vem aos terreiros entendem que a caridade primordial consiste em tirar a humanidade das aflições de ordem moral e material em que se debate. Dir-se-ia que se acham tão irmanados com o sofrimento dos homens que puderam chegar à conclusão de que é preciso ter a mente livre do pensamento obsessor da solução de questões materiais para melhor aproveitar os conselhos puramente espirituais.

Umbanda tem a preocupação constante da felicidade do homem dentro do mundo: do seu bem estar material, do perfeito equilíbrio de sua situação moral, condições necessárias à receptividade da palavra transcendente que eleva a alma aos pés de Deus. Quem tem o espírito preocupado com a solução de compromissos inadiáveis e não encontra uma saída, desespera contar com o auxílio dos seus iguais e busca uma ajuda do alto. Não houve quem procurasse Umbanda em uma hora dessas que não fosse amparado.

Nenhuma outra religião dá, no terreno material, ao homem aflito, o consolo de que necessita porque, se a doutrina toca o coração, não resolve, no entanto, a situação angustiosa da vida humana. As religiões de elite não se preocupam com o mundo, não compartilham do sofrimento material dos homens. O Hinduísmo procura conduzir às maravilhas do êxtase em Samadhu; o Budismo leva-nos ao Nirvana; a Teosofia mostra-nos planos e sub-planos de uma vida puramente espiritual; o Catolicismo propugna pela ascensão das almas aos céus. Nenhuma dessas religiões, que tem como objetivo levar o homem para o alto se preocupa com a felicidade do ser humano neste plano material.

Umbanda vive dentro do mundo, para os filhos deste mundo, ainda pouco evoluídos, mas por isso mesmo necessitando de auxílio para vencerem as provas que lhes são impostas. Umbanda vive em contato mais íntimo com os sofredores, provando a sua compreensão dos ensinamentos do divino Mestre, que não rejeitou de junto dos que o buscaram, ainda mesmo quando em condições espirituais precárias.

Os Guias de Umbanda abandonam os planos elevados que conquistaram para viverem conosco, dentro deste mundo, compartilhando das nossas aflições, dando-nos a certeza de que jamais ficaremos ao desamparo, de que no momento da aflição e do desespero se estenderá para nós a mão amiga que não nos deixará cair.

A ARTE DO CAPITÃO PESSOA

Ogum – Pintura do Capitão José Alvares Pessoa

Exu – Pintura do Capitão José Alvares Pessoa

Xangô – Pintura do Capitão José Alvares Pessoa

Omulu – Pintura do Capitão José Alvares Pessoa

Oxóssi – Pintura do Capitão José Alvares Pessoa

Yemanjá – Pintura do Capitão José Alvares Pessoa

SOBRE O AUTOR

– Professor do curso de Pós-Graduação em História e Cultura Afro-Brasileira do Centro Universitário Salesiano (UNISAL) entre 2011 e 2015.

– Professor da Escola Técnica Estadual Getúlio Vargas (Centro Estadual de Educação Tecnológica Paula Souza) entre 1989 e 2007.

– Professor da Escola Estadual Wallace Cockrane Simonsen entre 1986 e 1989.

– Professor (aposentado) do Instituto Federal de Educação Tecnológica de São Paulo (IFSP) onde lecionou as disciplinas: Química, Fundamentos da Educação, Psicologia da Educação, História da Ciência e Epistemologia do Ensino.

– Gerente de Educação Básica e dos cursos de Formação de Professores Instituto Federal de Educação Tecnológica de São Paulo (IFSP) em 2009.

– Lecionou como professor emérito na Universidade Cidade de São Paulo e professor adjunto nas Faculdades Oswaldo Cruz, Universidade de Santo Amaro e Universidade de Guarulhos.

– Avaliador da Revista História da Ciência e Ensino: construindo interfaces (PUC-SP) desde 2015.

– Editor da Hermes Editora e Informação Ltda entre 1982 e 1983.

– Coordenador Editorial da Ícone Editora entre 2005 e 2013.

– Pesquisador CNPq.

– Pesquisador do Grupo de Estudos e Pesquisa em Interdisciplinaridade (GEPI) da PUC-SP.

– Mestre em Educação pela Universidade Cidade de São Paulo.

– Master Science in Education Science by City University Los Angeles.

– Doutor em Educação pela PUC-SP.

– Pós-Doutor em Educação pelo GEPI-PUCSP.

– **Autor de livros sobre tecnologia**: *Como fazer perfumes*, *Manual do serralheiro*, *Desenho mecânico e de máquinas*, *Manual do ajustador*, *Matemática industrial*, *Introdução à física industrial*._

– **Autor de livros sobre Educação e Ciências**: *A História da História da Ciência*, *Temas Especiais de Educação e Ciências*, *O Ponto de Mutação no Ensino das Ciências*, *Os Caminhos da Educação e da Ciência no Brasil*, *Leituras Especiais sobre Ciências e Educação*, *O olhar de Hórus: uma perspectiva interdisciplinar do ensino da História da Ciência*, *Química Básica Teórica*, *Química Básica Experimental*, *Médicos e Heróis*: *os caminhos da Medicina brasileira desde a chegada da Família Real até as primeiras décadas da República* e *Personagens da Ciência Brasileira*.

– **Autor de livros sobre Umbanda**: *Umbanda e sua história*, *Umbanda Brasileira: um século de história*, *Umbanda: um ensaio de ecletismo*, *Iniciação à Umbanda*, *Os Orixás na Umbanda e no Candomblé*, *Manual do Médium de Umbanda*, *A construção histórica da literatura umbandista*, *Antônio Eliezer Leal de Souza: o primeiro escritor da Umbanda*, *Memórias da Umbanda do Brasil*, *Você sabe o que é Macumba? Você sabe o que é Exu?*, *História da Umbanda no Brasil*, *História da Umbanda no Brasil – Volume 2: A Umbanda nos Jornais do Rio de Janeiro*, *História da Umbanda no Brasil – Volume 3: Memórias de uma religião*, *História da Umbanda no Brasil – Volume 4: Registros históricos*, *História da Umbanda no Brasil – Volume 5: Documentos históricos*, *História da Umbanda no Brasil – Volume 6: Registros históricos periódicos*, *História da Umbanda no Brasil – Volume 7: Macumbas e perseguições religiosas*, *História da Umbanda no Brasil – Volume 8: Retratos e memórias*, *História da Umbanda no Brasil – Volume 9: Notícias Históricas da*

Macumba, Feitiços e Feitiçaria no Segundo Império do Brasil, Feitiçaria, Macumba e Umbanda entre o Século XIX e o Século XX, Retratos e Registros Históricos da Umbanda – Volumes 1 e *2, O Jornal Aruanda e a Umbanda em Revista: Os baluartes Pai Jamil Rachid e Pai Demétrio Domingues, Manual de Umbanda para iniciantes, O Jornal Aruanda e Umbanda em Revista: os baluartes Pai Jamil Rachid e Pai Demétrio Domingues, A Tenda Espírita Mirim: os baluartes Caboclo Mirim e Benjamim Figueiredo, Os Mistérios Revelados: Exu, Kimbanda, Macumba e Voudou, Sistemas Religiosos Afro-Ameríndio-Brasileiros, Marie Laveau – A Rainha Voodoo, O Clarim da Aruanda, Feitiçaria, Macumba e Umbanda: Entre o Século XIX e o século XX, Leal de Souza: Vida e obra em recortes.*

– Membro da Escola Superior de Guerra.

– Mestre Maçon *Past Master*.

– Médium do Templo de Umbanda Ogum Beira-Mar, dirigido por Edison Cardoso de Oliveira, entre 1981 e 1989.

– Vice-Presidente da Federação Umbandista do Grande ABC entre 1985 e 1989.

– Membro do Conselho Consultivo do Superior Órgão de Umbanda do Estado de São Paulo entre 1981 e 1989.

– Relator do Fórum de Debates: *A Umbanda e a Constituinte*, realizado na Assembleia Legislativa de São Paulo, em 1988.

– Colunista do Jornal *Notícias Populares*, em 1989, escrevendo aos domingos sobre a história e os ritos da Umbanda.

– Pesquisou a Umbanda e os cultos afro-brasileiros em diversos terreiros, visitando várias vezes a Tenda Nossa Senhora da Piedade e a Cabana de Pai Antônio onde conviveu com Zélia de Moraes e Zilméia de Moraes.

– Dirigiu o Templo da Confraria da Estrela Dourada do Caboclo Sete Lanças entre 1993 e 1999.

– Colunista do *Jornal de Umbanda Sagrada* entre 2008 e 2009.

– Colunista do Jornal *Aldeia de Caboclos* desde 2013.

– Sacerdote do Templo Cristão Umbanda do Brasil.

– Ministro religioso da Casa de Cultura Umbanda do Brasil.

– Padre (Bento de Núrsia) da Igreja Católica Joanita.

– Sacerdote de Orunmilá-Ifá (Babáláwò *Ifasoya Ifadaisi Agbole Obemo*), iniciado pelo Babáláwò Ifatoki Adekunle Aderonmu Ògúnjimi (Babalawo *Ifasoya Ifadaisi Agbole Obemo*).

– Iniciado na Umbanda Tradicional por Pai Ronaldo Linares.

– Iniciado na Raiz de Guiné (*Hanamatan Ramayane*) por Mestre Yatyçara.

– Iniciado na Kimbanda das Almas (*Babá Egúngún Inú Aféfe*) por Tata Kalunga.

O CAPITÃO PESSOA E A TENDA ESPÍRITA SÃO JERÔNIMO
foi confeccionado em impressão digital, em dezembro de 2020
Conhecimento Editorial Ltda
(19) 3451-5440 — conhecimento@edconhecimento.com.br
Impresso em Luxcream 70g – StoraEnso